ココミル✛
cocomiru

金沢 北陸

すてきな思い出
つくりましょ♪

金沢で
したいこと❶

和のステキを探そう

左：加賀てまり 毬屋
（P96）の加賀てまり
右：茶屋街の夕景

雅な日本美があふれる金沢は、建築そのものもアート。
城下町でステキな和を見つけて！

左から：にし茶屋街(P80)／長町武家屋敷跡(P64)／茶菓工房たろう 鬼川店(P66)の抹茶セット／
加賀てまり 毬屋(P96)の指ぬき／落雁 諸江屋(P100)の久寿玉

国指定重要文化財 志摩(P42)の2階、前座敷

茶屋街

金沢には、ひがし、にし、主計町の3つの茶屋街があり、今でも一見さんお断りのお茶屋が並びます。

百万石まつりの提灯が下がる初夏のひがし茶屋街(P40)

セレクトショップ GIO(P39)の九谷焼ぞうり型小物

金沢城公園

加賀藩前田家の居城跡を整備し、市民も憩う公園に。玉泉院丸庭園を再現し、五十間長屋や河北門などを復元。

上：令和2年(2020)に復元・整備された鼠多門・鼠多門橋(P34)
下：金沢城の遺構の一つ石川門(P34)

霞ヶ池に架かる虹橋と徽軫灯籠(P30)

兼六園

歴代藩主を魅了した庭園。曲水や池、築山などを配した園内は起伏に富み、四季折々の美に彩られます。

兼六園の冬の風物詩、雪吊り(P29)

金沢で
したいこと2

じもの亭（P60）の海鮮丼

ぷりぷり海鮮に
加賀料理

日本海の恵みと滋味あふれる
郷土料理に舌鼓。

左：金城樓（P84）の
鴨じぶ／右：つば甚
（P85）のじぶ煮

上：つば甚（P85）の加賀料理会席
左：近江町市場（P58）で入手できる
加賀野菜

和菓子村上（P101）の
わり氷

金沢で
したいこと3

和スイーツで
ほっこり

彩りも美しい洗練された
スイーツがいっぱい。

落雁 諸江屋（P100）のわびタンス

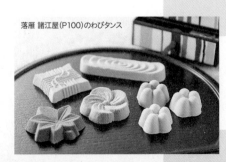

4　甘味処 金花糖（P70）のクリームあんみつ

中島めんや(P97)の
加賀八幡起上りと
干支人形

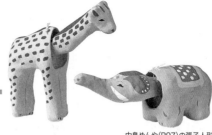

歩いて見つける
カワイイ和小物

キュートで愛らしい伝統工芸の
逸品が見つかります。

中島めんや(P97)の張子人形

かなざわ 美かざり あさの
(P53)のつまみ細工

加賀てまり 毬屋(P96)の手まり

かなざわ 美かざり あさの
(P53)の加賀指ぬき

金沢21世紀美術館で
アート時間

開放的な現代アートミュージアムを体感。

左上：レアンドロ・エルリッヒ作
『スイミング・プール』(P22)
左：SANAA作『まる』(P22)
上：オラファー・エリアソン作
『カラー・アクティヴィティ・ハウス』(P23)

金沢ってどんなところ?

加賀百万石の伝統を
そこかしこに感じる街です

北陸の中心都市・金沢は、江戸時代、加賀藩前田家のお膝元として、江戸・大坂・京都に次いで栄えた城下町。日本三名園の一つ兼六園や茶屋街、武家屋敷跡など、藩政時代の面影を感じられる風景が残っています。また、工芸品や和菓子など伝統文化が大切に受け継がれる職人の街でもあります。

金沢城公園(☞P34)の
石川門は江戸時代の建物

40種420本の桜が咲き誇る
春爛漫の兼六園(☞P28)

おすすめシーズンはいつ?

花が咲き誇る春〜初夏
グルメ重視なら冬も魅力的

海と山に囲まれ、四季がはっきりしている金沢の気候。そのため、春〜初夏には桜、ツツジ、カキツバタなど、さまざまな花が街を彩ります。冬は寒くて曇りがちですが、雪吊り、こもがけなど、冬ならではの風景が見られるほか、日本海の幸の王様・ズワイガニが旬を迎え、グルメな旅を満喫できます。

金沢へ旅する前に
知っておきたいこと

観光ポイントや移動のハウツーを事前に知っておけば、
金沢の旅の計画や旅の当日の行動がスムーズです。
しっかりと予習して、旅の支度を整えましょう。

初めての金沢で必見は？

兼六園、金沢21世紀美術館、ひがし茶屋街はぜひ

金沢といえば兼六園（☞P28）。国の特別名勝であり、ミシュラン観光ガイドでも三つ星ランクの名園です。建物も展示もユニークな金沢21世紀美術館は、国内外から注目を集める、人気の現代アート美術館（☞P20）。美しい町並みのひがし茶屋街もはずせないポイントです（☞P40）。

体感できる展示が豊富な金沢21世紀美術館（☞P20）

観光にどのくらいかかる？

金沢の街はコンパクト 2日あれば存分に楽しめます

金沢の主要観光エリアは、金沢駅から東南に約3kmの範囲に点在。バス網が発達しているので、効率よくまわれます。ポイントを絞ってかけ足で巡るなら、1日でもOK、1泊2日なら、兼六園、金沢21世紀美術館、ひがし茶屋街、長町武家屋敷跡など、主要な観光エリアを網羅できます（☞P8）。

石畳に格子戸が並ぶひがし茶屋街（☞P40）

ぜひ味わいたいのは？

新鮮さ抜群の日本海の幸と加賀料理ははずせません

食材に恵まれた金沢にはおいしいものがいっぱい。まずは寿司（☞P88）や海鮮丼（☞P60）、海鮮居酒屋（☞P90）などで新鮮な魚介を堪能。憧れの料亭で、加賀料理（☞P84）や、お麩や加賀野菜を使った料理（☞P86）もぜひ。ハントンライスなど、ソウルフードはランチで（☞P74）。

近江町市場にあるじもの亭（☞P60）の海鮮丼

出発ー！

10:45 金沢駅　　**11:00 兼六園**

初夏は曲水の
カキツバタがキレイ

鼓をイメージした駅前の鼓門が印象的。東口のバスターミナルから、いざ金沢観光へ。

桂坂口から入園し、日本三名園の庭を散策。霞ヶ池の中ほどには蓬莱島が浮かぶ（☞P31）。

3万5000坪の広大な庭園を、清冽な水の流れや四季折々のさまざまな植栽が彩ります。

園内の兼六園 三芳庵（☞P32）でランチ。瓢池を眺めながら金沢の伝統料理をどうぞ。

13:45 金沢城公園　　**金沢21世紀
15:00 美術館**

水の底に人が！
不思議なプール？

兼六園の桂坂口と向かい合う石川門から入園。石川門は江戸時代の建物（☞P34）。

橋爪門続櫓と菱櫓を結ぶ五十間長屋の大きさに圧倒。加賀百万石の偉容が偲ばれます。

国内でも屈指の人気を誇る現代アートの美術館。観て触れて体感する展示が好評（☞P20）。

撮影：石川幸史　提供：金沢21世紀美術館

プールの水面を隔てて上と下での風景の面白さを表現した『スイミング・プール』（☞P22）。

金沢21世紀美術館から
徒歩5分

18:30 香林坊　　**20:30 ホテル**　おやすみ…

館内のミュージアムショップ（☞P25）で、アートでかわいいオリジナルグッズを購入。

石川県立美術館内にあるLE MUSÉE DE H KANAZAWA（☞P37）で金沢限定スイーツ♪

地元っ子にも人気の居酒屋、いたる 本店（☞P90）で、海鮮料理と地酒を召し上がれ。

宿は、金沢駅前または香林坊周辺でチョイスすれば、翌日の観光に便利（☞P108）。

1泊2日で
とっておきの金沢の旅

金沢の観光ハイライトを満喫できるプランをご紹介。
雅な伝統文化にふれたり、現代アートを楽しんだり。
おいしいごはんやおみやげ探しも楽しみです。

2日目 おはよう！

9:00 ひがし茶屋街

金沢三茶屋街の中で最も格式ある茶屋街。観光客が少ないうちの散策がおすすめ（☞P40）。

あでやかなしつらいです

江戸時代のお茶屋をそのまま公開している国指定重要文化財 志摩（☞P42）を見学。

茶屋街には和雑貨店がズラリ。箔座ひかり蔵（☞P53）の金箔小物をおみやげにいかが？

11:15 主計町茶屋街

ひがし茶屋街から浅野川対岸の茶屋街へ。坂道や路地裏に風情があります（☞P56）。

12:00 近江町市場

活気あふれる金沢市民の台所をぶらぶら。地元っ子や観光客で大賑わいです（☞P58）。

ネタがぎっしりの海鮮丼！

市場内でランチ。じもの亭（☞P60）など、旬の魚介を存分に楽しめる海鮮丼は必食です。

ランチの後は加賀野菜や加能ガニなどおみやげ選び。宅配便利用が便利です（☞P62）。

14:00 長町武家屋敷跡

土塀が続く家並みがフォトジェニック。江戸時代にタイムスリップしたみたい（☞P64）。

お庭に和みます

武家屋敷跡 野村家（☞P67・71）でお庭を見学。海外の庭園専門誌にも評価されています。

長町界隈を流れる大野庄用水（☞P67）は約400年前に造られた、金沢市内で最も古い用水。

16:00 金沢駅

金沢駅構内の金沢百番街「あんと」（☞P16）で、おみやげ探しのラストスパート♪

和菓子はぜひ買わなくちゃ！

金沢百番街には金沢の主要和菓子店が出店。かわいい和菓子（☞P100）をおみやげに。

せっかく遠くへ来たんですもの

3日目はひと足延ばしてみませんか？

いで湯でほっこり加賀温泉郷へ

金沢から鉄道とバスで約1時間。みどころ豊富な九谷焼のふるさと、山代温泉（☞P112）や、渓谷美の山中温泉（☞P116）で温泉情緒を楽しんで。

海景色に癒やされる能登半島へ

世界農業遺産に認定された能登では自然の造形美やご当地グルメが楽しみ。レンタカーで海岸線をドライブ、半島の先端を目指しましょう（☞P120）。

ココミル
cocomiru

金沢 北陸

Contents

●表紙写真
表）上：落雁 諸江屋の花うさぎ（P100）／中右から：中島
めんやの張子人形（P97）、ひがし茶屋街9月の風景（P40）、
箔座 金の縁起屋の福ねこ（P52）／下右から：落雁 諸江
屋のわびタンス（P100）、中島めんやの人形（P97）、兼六園
の冬の雪吊り風景（P29）
裏）上：ひがし茶屋街（P40）／下右：国指定重要文化財
志摩の髪飾り展示（P43）／下左：加賀てまり 毬屋の指ぬき
（P96）

〈マーク〉　　　　　〈DATAマーク〉

📷🎌⛩ 観光みどころ・寺社　☎ 電話番号
♪♪ プレイスポット　　　　🏠 住所
🍴 レストラン・食事処　　　¥ 料金
🍶 居酒屋・BAR　　　　　🕐 開館・営業時間
☕ カフェ・喫茶　　　　　休 休み
🛍 みやげ店・ショップ　　　✕ 交通
🛏 宿泊施設　　　　　　　P 駐車場
　　　　　　　　　　　　MAP 地図位置

11

水に映る姿も美しい浅野川大橋

カラフルな糸模様の加賀指ぬき

お侍さんが出てきそうな街並み

レトロな飴屋さんの前でパチリ

侘び寂びを感じる志摩の坪庭

ユニークな加賀
八幡起上り

さりげないしつらえが素敵です

お抹茶と和菓子でほっこり

色の三原色を使ったカラフルなアート

桜の淡いピンクに華やぐ兼六園

桜が映える主計町茶屋街

カメラ片手に まずは金沢の街を観光しましょう

加賀百万石の歴史を感じさせる城下町の美しい風景に、
桜や新緑 紅葉が織りなす豊かな四季の彩り。
建物のしつらえや、おみやげに買った工芸品に宿る美意識。
思わずカメラに収めたくなる場所やモノがいっぱいです。

金沢タウンって こんなところ

加賀藩の面影が残る北陸の城下町。
藩政時代の遺構を残す街並みや情緒が残り、
海外からも注目される魅力のエリアです。

観光で押さえたい 7エリアを覚えましょう

金沢の主なみどころは、7つのエリアに分けられる。浅野川と犀川（さい）の2本の川に挟まれた市の中心部に金沢21世紀美術館や兼六園があり、周辺に香林坊・片町・竪町の繁華街、長町武家屋敷跡、近江町市場などが点在する。浅野川河畔には主計町、ひがし茶屋街、犀川の南側にはにし茶屋街がある。

金沢観光にはバスが便利

金沢の主要な観光名所は金沢城公園を中心に半径1.5㎞に集中。バス路線網が発達しているから、大きな移動はバスを利用して効率よくまわろう。風情を楽しむ散策時間を考慮するのもお忘れなく（☞折込参照）。

観光ボランティアガイドと 一緒に金沢を巡る

金沢市内や近郊などを案内してくれるボランティアガイド「まいどさん」（☞P71）のほか、外国語対応のガイド、金沢手話観光案内「かがやきR」など、金沢にはさまざまなボランティアガイドが揃っている。どこを見学するか迷ったときは、気軽に相談してみよう。

金沢市観光協会（まいどさん）☎076-232-5555、金沢グッドウィルガイドネットワーク☎076-232-3933、「かがやきR」FAX076-233-9011（1カ月前までに申込み）

観光の起点はココ

かなざわえき
金沢駅 ★ 詳細はP16

もてなしドームと鼓門が目印。観光の足となるバスのほとんどは兼六園口（東口）発着。構内にショッピング＆グルメの金沢百番街もある。

楽器の鼓をイメージした鼓門

かなざわにじゅういっせいきびじゅつかん・けんろくえん
金沢21世紀美術館・兼六園 ①
···P18

金沢観光のハイライト、兼六園と金沢21世紀美術館がある。ほかにも、金沢城公園や美術館、博物館が集まる文化的なエリア。

金石へ

◀兼六園のシンボル、徽軫灯籠
▼人気の金沢21世紀美術館

JR北陸本線

小松駅へ

西泉へ

増泉へ

ひがしちゃやがい
ひがし茶屋街 ②
···P40

江戸時代に加賀藩により形成された。格子戸が連なり、あでやかなお座敷文化を今に伝える。お茶屋を改装したお店も多い。

▼おしゃれな和カフェも多い

▲石畳に格子戸が美しい通り

主計町茶屋街
かずえまちちゃやがい

3

・・・P56

浅野川沿いにお茶屋が連なる
風情ある街並み。明かりが灯り
始める夕暮れもおすすめ。

▲夕暮れどきに訪れてみて

近江町市場
おうみちょういちば

4

・・・P58

新鮮な魚介類や加賀野菜など
が揃う金沢市民の台所。海鮮丼
や回転寿司の店も多い。

▲地元っ子にも観光客にも人気

長町武家屋敷跡
ながまちぶけやしきあと

5

・・・P64

中級武士の屋敷街だったエリ
アで、江戸時代にタイムスリッ
プしたような土塀が続く。

▲江戸時代の雰囲気が残る

香林坊・片町・竪町
こうりんぼう・かたまち・たてまち

6

・・・P72

デパートやビルが立ち並ぶ、北
陸を代表する繁華街。飲食店が
集まるグルメエリアでもある。

▲多くの人で賑わう繁華街

七ツ屋駅へ
津幡駅へ
新高岡駅へ
金沢森本ICへ↑
北陸新幹線
浅野
七尾線
IRいしかわ鉄道
金沢
北鉄金沢

159
359
城北大通り

主計町茶屋街 **3**

近江町市場 **4**

2 **ひがし茶屋街**

百万石通り
157

金沢城公園

5 **長町武家屋敷跡**
10

香林坊 **6**

1 **兼六園**

1 **金沢21世紀美術館**

片町 **6**

6 **竪町**

7 **にし茶屋街**
159
山側環状へ

10
湯涌温泉へ

0 N 300m

南大通り
144
内川ダムへ
小松へ

にし茶屋街
にしちゃやがい

7

・・・P80

ひがし、主計町とともに金沢の
三茶屋街の一つ。近くには、
妙立寺などのみどころがある。

▲美しく整備されたにし茶屋街

15

便利で使いやすい、
金沢の玄関口、金沢駅の駅ナカへ

北陸新幹線、JR北陸本線・七尾線、IRいしかわ鉄道が乗り入れる金沢駅。国内外の観光客が増加しますます活気に満ちており、駅ナカのグルメやショッピングも充実している。

金沢駅のシンボル
鼓門

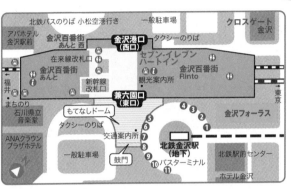

兼六園口（東口）から出るとガラス張りのもてなしドームが広がる。そのすぐ向こうには鼓をイメージした鼓門があり、金沢市内への出入り口となっている。

駅ナカのショッピング＆グルメゾーンは3館

かなざわひゃくばんがいあんと
金沢百番街あんと

石川県のみやげが一堂に

銘菓や名産品、地酒、伝統工芸品など、みやげに最適な品々が揃う。新鮮なネタが自慢の寿し店や和食、洋食などの食事処もある。

☎076-260-3700（代表）🏠JR金沢駅直結 🕐8時30分～20時〔食事処11～22時※店舗により異なる〕 休不定休 MAP P134A1

おみやげのまとめ買いができるので便利

かなざわひゃくばんがいあんと にし
金沢百番街あんと 西

生鮮食料品も手に入る

1～4階があり、1階にはガフェが数店あり、コンビニや洋食店、パン屋がある。上階にはラーメン、居酒屋などが入るほか、生鮮食料品のマーケットやドラッグストアもある。

☎076-260-3700（代表）🏠JR金沢駅直結 🕐7～23時（店舗により異なる）休不定休 MAP P134A1

バリエーション豊かな飲食店が揃う

かなざわひゃくばんがいりんと
金沢百番街Rinto

多彩なテナントが連なる

駅北側に広がるファッションや生活雑貨、アクセサリー、化粧品などのショップスペース。有名ブランドショップのほか、書店やカフェ、食事処もある。

☎076-260-3700（代表）🏠JR金沢駅直結 🕐10～20時（店舗により異なる）休不定休 MAP P134A1

金沢のトレンドを発信するRinto

駅構内には
レンタサイクル「まちのり」
レンタルポートがある

金沢市が実施するレンタサイクルのポート。市内に設置された60カ所以上のサイクルポートで、電動アシスト自転車の貸出・返却ができる。スマホアプリで登録・利用が可能。☎076-255-1747(まちのり事務局) ⏰9〜18時

いまどきの金沢情報をGET

▼金沢の最新情報と観光パンフレットを入手しよう

かなざわえきかんこうあんないしょ
金沢駅観光案内所

金沢観光の拠点ともなる案内所。スタッフが常駐しているので観光のまわり方などを聞いてみよう。交通やグルメ、工芸体験などのお得なチケットも販売中。

☎076-232-6200 🏠JR金沢駅構内 ⏰8時30分〜20時 🈯無休 (MAP)P134B1

バスターミナルは改札口からすぐ

兼六園口(東口)から出てすぐ左手にバスターミナルがある。その手前にバスの主な観光スポットの行き先一覧の掲示板があるので要チェック。すぐそばには北鉄バス案内所もある。

金沢駅で伝統工芸品三昧!?

金沢は伝統工芸品の宝庫。金沢駅の随所にも見られ、あんと内にはミニギャラリーがあり、北陸新幹線の待合室には30品目236作品を展示。新幹線ホームの柱は金沢箔のパネルで包み込まれている。アメリカの旅行誌『トラベル+レジャー』で「世界で最も美しい駅」14選に選ばれた理由が垣間見える。

1 九谷焼や金沢箔の工芸品展示があるミニギャラリー「群青の広見」 **2** ホームの柱60本に施された金箔パネル。11cm角の金箔を約2万枚使用

おいしい駅ナカごはんをチェックしよう!

すし れきれき かなざわえきてん
鮨 歴々 金沢駅店

名店仕込みの味を気軽に

石川をはじめ北陸の魚介が中心のネタを揃えるほか、一品料理も楽しめる。☎076-254-5539 🏠金沢百番街あんと ⏰11〜21時LO (ネタがなくなり次第終了) 🈯無休 (臨時休業あり) (MAP)P134A1

季節のネタ10貫にオリジナル手巻と汁物が付くおまかせ握り3520円

きせつりょうり おでん くろゆり
季節料理 おでん 黒百合

60年以上受け継がれた味

昭和28年(1953)に創業。秘伝のだしの味を守り、常連客の胃袋をつかみ続ける。車麩200円、厚揚げ250円、大根280円など。☎076-260-3722 🏠金沢百番街あんと ⏰11時〜21時30分LO 🈯無休 (MAP)P134A1

焼豆腐、つみれ、練物の4種のおでんが付くランチのおでん定食750円

かふぇぶどうのもり ふぁーむかなざわひゃくばんがいてん
カフェぶどうの森
ファーム金沢百番街店

テイクアウトも食事も満喫

農とのつながりをコンセプトに、ピッツァ、パスタなどのメニューが充実。「マリナーラ」は、大海老のうま味が溶け込んだトマトクリームソースが特徴。☎076-222-1818 🏠金沢百番街あんと 西 ⏰11〜21時LO 🈯無休 (MAP)P134A1

大海老のトマトクリームソース「マリナーラ」1650円

駅近の新スポット

くろすげーとかなざわ
クロスゲート金沢

ホテルと商業エリア、住宅からなる複合施設。商業エリアには、カフェやレストランなど33店舗が集結。おみやげも充実。

☎076-208-7311 🏠金沢市広岡1-5-3クロスゲート金沢1・2階 ⏰10〜20時(1階)、11〜23時(2階)※店舗により異なる 🈯無休 (MAP)P134B1

金沢グルメのほか、金沢初進出のお店が大集合

これしよう！

加賀藩ゆかりの スポットへ

金沢城公園や成巽閣などが、加賀百万石の偉容を今に伝えている（☞P34）。

これしよう！

金沢21世紀美術館で 現代アート鑑賞

ユニークな建物や展示が注目を集め、全国から多くの人が訪れる（☞P20）。

これしよう！

国の特別名勝 兼六園をおさんぽ

加賀藩歴代藩主が長い歳月をかけて造営した、広大な大名庭園（☞P28）。

新旧の金沢に出合うならこのエリア

金沢21世紀美術館・兼六園

かなざわにじゅういっせいきびじゅつかん・けんろくえん

 成巽閣では藩主ゆかりの品を展示

こんなところ

金沢市の中心部に位置し、金沢観光のハイライト・兼六園と金沢21世紀美術館をはじめ、金沢城公園やミュージアムなどみどころが盛りだくさん。加賀百万石の歴史を感じさせるスポットと、現代的な空間が調和している。街なかなのに自然も豊かで、散策にぴったり。

金沢21世紀美術館・兼六園はココにあります！

━ 城下まち金沢周遊バス
━ 北鉄バス

金沢駅

金沢城公園

兼六園

金沢21世紀美術館

ａｃｃｅｓｓ

●金沢駅兼六園口（東口）から
【北鉄バス】
兼六園へは橋場町経由小立野方面行きで11分、兼六園下・金沢城下車。金沢21世紀美術館へは本多町経由東部車庫方面行きで13分、広坂・21世紀美術館下車
【城下まち金沢周遊バス】
兼六園下・金沢城まで右回りで15分、広坂21世紀美術館まで右回りで17分

問合せ
☎076-232-5555 金沢市観光協会
広域MAP P139D・E・F1～4

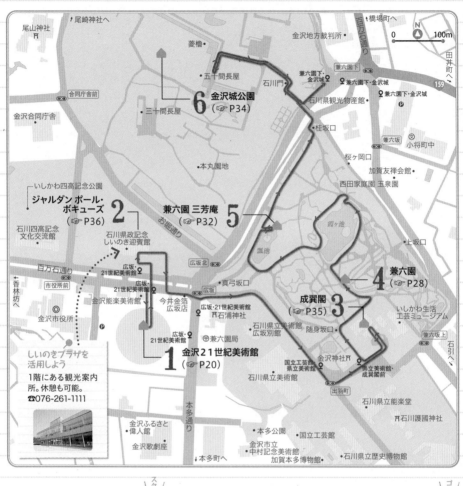

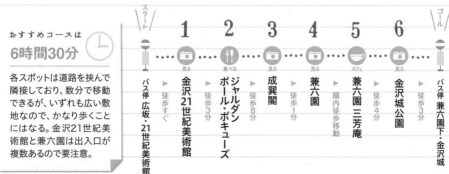

現代アートってこんなに楽しい！
金沢21世紀美術館

平成16年（2004）の開館以来、全国でも指折りの入館者数を誇る現代アートの美術館。
観て、感じて、ときには触れて。自由な発想で思い思いに楽しみましょう。

©2010 Olafur Eliasson

『カラー・アクティヴィティ・ハウス』は、
24時間見られる屋外展示

かなざわにじゅういっせいきびじゅつかん
金沢21世紀美術館

何度でも訪れたくなる親しみやすさと
体感できるユニークな展示が魅力

ガラスで囲まれた円形美術館の建築コンセプ
トは「まちに開かれた公園のような美術館」。
感性を刺激する現代美術館として、ますます
国内外から熱い注目を集めている。正面がな
く、四方にある入口のどこからでも入れる開
放的な空間だ。館内は無料の「交流ゾーン」
と有料の「展覧会ゾーン」に分かれており、多
彩な現代アート作品を楽しむことができる。

撮影：石川幸史　提供：金沢21世紀美術館

正面がなく四方から入
れる円形の美術館

☎076-220-2800 住金沢市
広坂1-2-1　交流ゾーンは¥無
料 ⏰9〜22時（ショップなどは
異なる）休年末年始、展覧会ゾ
ーンは¥有料（内容や時期によ
り異なる）⏰10〜18時（金・土曜
は〜20時）休月曜（祝日の場合
はその直後の平日）、年末年始
交バス停広坂・21世紀美術館
からすぐ Ｐ地下駐車場322台
（有料）MAP P139D3

美術館のつくりと**5**つの注目作品を押さえましょう

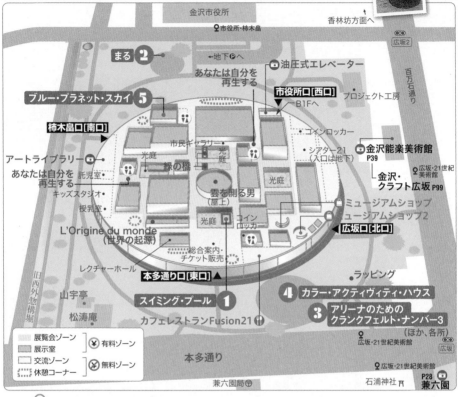

- まる **2**
- ブルー・プラネット・スカイ **5**
- 柿木畠口[南口] ▶
- アートライブラリー
- あなたは自分を再生する
- 託児室
- キッズスタジオ
- 授乳室
- 市民ギャラリー
- 光庭
- 緑の橋
- 光庭
- 雲を測る男[屋上]
- L'Origine du monde（世界の起源）
- 光庭
- コインロッカー
- 総合案内・チケット販売
- レクチャーホール
- 本多通り口[東口] ▲
- スイミング・プール **1**
- カフェレストランFusion21
- 金沢市役所
- 市役所・柿木畠
- 香林坊方面へ
- 広坂2
- 地下Pへ
- 油圧式エレベーター
- あなたは自分を再生する
- 市役所口[西口] ▼ B1Fへ
- プロジェクト工房
- 百万石通り
- コインロッカー
- シアター21（入口は地下）
- 金沢能楽美術館 P39
- 金沢・クラフト広坂 P99
- 広坂・21世紀美術館
- ミュージアムショップ
- ミュージアムショップ2
- 広坂口[北口]
- ラッピング
- カラー・アクティヴィティ・ハウス **4**
- アリーナのためのクランクフェルト・ナンバー3 **3**
- （ほか、各所）
- 広坂・21世紀美術館
- 広坂
- 広坂・21世紀美術館
- P28 兼六園
- 本多通り
- 兼六園局
- 石浦神社
- 旧西外惣構堀
- 山宇亭
- 松涛庵

凡例：
- 展覧会ゾーン
- 展示室
- 交流ゾーン
- 休憩コーナー
- ¥ 有料ゾーン
- ¥ 無料ゾーン

作品をいちばん美しく見学できるタイムスケジュール

12:00 ▶
スイミング・プール ❶
作品の真上からちょうど日が差す時間。天気のいい日がプールの下部に揺れる水面がキレイ。

12:30 ▶
カフェレストランFusionF21
ビュッフェランチをパレットのようなお皿でどうぞ。

13:30 ▶
まる ❷
ランチの後は光る球体に自分を映してみよう。

14:00 ▶
アリーナのためのクランクフェルト・ナンバー3 ❸
芝生から生えるラッパのような管に話しかけてみて。

14:30 ▶
カラー・アクティヴィティ・ハウス ❹
ユニークな色彩の影を楽しめる。

⋯⋯⋯⋯ ▶
夕暮れがすまでに特別展やコレクション展などの展覧会を観覧しよう。太陽が傾きはじめる時間には、影がぐんと伸びて

18:00 ▶
ミュージアムショップ
スタイリッシュなグッズが勢揃い。とってもおすすめ。

18:30
ブルー・プラネット・スカイ ❺
漆黒の空と白い壁のコントラストが美しい時間。季節によって異なる日の入りの時間は要確認。

©2010 Olafur Eliasson

美術館には4つの入口があり、通り抜けもできるので、市民の気軽なお散歩コースでもあります。

まるびぃラバーズたちに聞きました
人気作品の"ここが好きです"

建物の丸い形から、"まるびぃ"の愛称がついた金沢21世紀美術館は地元っ子にも大人気。
金沢で活躍する5人に、美術館の人気作品の楽しみ方を聞いてみました。

プールサイドから、水中から！
みんなが友達になれる場所

スイミング・プール ¥有料ゾーン

作者：レアンドロ・エルリッヒ　制作：2004年
MAP P21❶

地上から眺めると、水で満たされた
プール。でも、水中には歩く人が…。
プールの水面を境界に、地上から
見下ろす人と、地下から見上げる
人が、揺らめく光に癒やされながら、
不思議な感覚で出会える作品だ。
プール上部からの鑑賞は無料だっ
たが、鑑賞環境を整えるため2019
年4月から有料ゾーンになった。

知らない人同士が
手を振りたくなる、
そんな気持ちにさ
せる作品です。

**アドバンス社の
川口沙緒里さん**
金沢市内のモデル事務
所に所属し、モデル・リポ
ーターとして活動中。

水の揺らめきを太陽の光が映し出し、幻想的な空間をつくる

金沢21世紀美術館の設計者、SANAA（妹島和世＋西沢立衛）制作

どこにいても逃げられない
宇宙船のようなステンレスの球体

まる ¥無料ゾーン

作者：SANAA　制作：2016年
MAP P21❷

新たなシンボルとして登場した
パビリオン。高さは約4mで、鏡
のように磨かれたステンレスの
球体が十数個集まっている。ど
こにいても見る人の姿を映し出
し、周囲の風景も映り込む不思
議を楽しめる。

自分や周囲の景色を
映す球体。毎日変化
する不思議さにアイ
デアも浮かぶ？

**金工作家の
秋友美穂さん**
金沢市内の自宅工
房にて制作。個展な
どで活躍中。

空模様の移り変わりが作品の一部になっている

アートライブラリーで読書

アルネ・ヤコブセンの名作・スワンチェアに座って専門書籍、アート雑誌などの閲覧が可能。映像作品の鑑賞、コレクションの検索も。
MAP P21左

空ってこんなにいろんな
表情があったんだって思えます

ブルー・プラネット・スカイ 無料ゾーン

作者：ジェームズ・タレル　制作：2004年
MAP P21 **5**

天井部分が正方形に切り取られた約10m四方の部屋。ベンチに座って天井を見上げれば、絶えず変化する空の色や雲の流れ、光を感じられる。特に日没ごろからは、作者が厳密に計算したライトアップとともに鑑賞できる。「あなたはどのように光を感じるか」と作者が問いかけているよう。

> 雨の日に曇天を見上げて雨音に聞き入るのもおすすめ。

アンティークフェルメールの塩井増秩さん
西欧アンティーク店の店主。リトルプレス『そらあるき』編集長も務める。

合言葉は"もしもし聞こえますか？"
つながる楽しさがいっぱい

アリーナのための
クランクフェルト・ナンバー3 無料ゾーン

作者：フロリアン・クラール　制作：2004年
MAP P21 **3**

美術館を取り囲む芝生に、高さ約1mのラッパのような管が12基。2基ずつペアでつながっていて、どこかにある管と糸電話のように会話ができる。どの管とつながっているかは、話しかけてみてのお楽しみ。

> 子どもたちと一緒に楽しめます。思いがけない声と出会える作品です。

phonoの
尾崎華さん
北欧ヴィンテージ家具やフランスの古道具を扱うphono（新竪町）を経営。

広い敷地を生かした、子どもから大人まで人気の作品

©2010 Olafur Eliasson

よく見ると影にも色が。天気や時間帯によってもさまざまな色に

日常風景がポップに大変身
お気に入りの角度を探してみて

カラー・アクティヴィティ・
ハウス 無料ゾーン

作者：オラファー・エリアソン　制作：2010年
MAP P21 **4**

開館5周年を記念して作られた作品。色の三原色であるシアン、マゼンタ、イエローのガラス壁を直径約10mの渦巻き状に配置。作品の内と外から重なり合う色の壁を通して見ると、さまざまな色相の風景が見えてくる。

> まるでテレビの中に入ったみたいな、不思議な感覚が楽しい作品です！

オヨヨ書林の
山崎有邦さん
ネット古書店としてスタートした書店の店長。金沢市内に2店舗を構える。

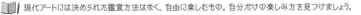

現代アートには決められた鑑賞方法はなく、自由に楽しむもの。自分だけの楽しみ方を見つけましょう。

ランチ＆おみやげだって
アートでまいりましょう

館内にはアートな気分でランチが楽しめるほか、洗練されたスーベニアショップも。
昼ごはんやおみやげも、とことんアートにこだわりたいですね。

パレットのお皿にアートに
盛り付けて *Eat!*

創作
スタート！

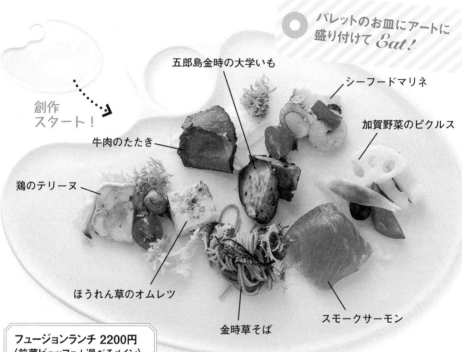

五郎島金時の大学いも

シーフードマリネ

加賀野菜のピクルス

牛肉のたたき

鶏のテリーヌ

ほうれん草のオムレツ

金時草そば

スモークサーモン

フュージョンランチ 2200円
（前菜ビュッフェ＋選べるメイン）

※前菜の内容は季節によって異なります。

おやつどきの
ひと休みにいかが？

かふぇれすとらんふゅーじょんにじゅういち
カフェレストランFusion21
自分だけのグルメアートが楽しめる

白を基調としたスタイリッシュな空間が
印象的。パレットをモチーフにしたお皿
に、地元食材を中心に作られた色とりど
りの料理を盛り付けていただくビュッフェ
ランチが人気。お皿をキャンバスに、私だ
けのおいしいアートができあがり。

☎076-231-0201 🕙10〜20時 (19時LO、ラ
ンチタイムは11〜14時) 🈔月曜 (祝日の場合は翌
日) 🄼P21右下

■大きな窓から
屋外作品を眺めて
食事を ■常時
30種類以上の料
理が並ぶ

もったいないパフェ
830円
ソフトクリームと赤ワインのリンゴ
コンポートに、能登のミルクと能登
ワインのブドウ果皮を利用したジ
ェラートが添えられている。ちょっ
ぴり大人のパフェ。

手ぬぐい片手にお散歩!?

九谷焼紙皿
各550円 ❶
石川県の伝統工芸品、九谷焼の柄をプリントした紙皿。能美市九谷焼資料館が監修。

高級感のある紙皿で贅沢な時間を

手ぬぐい
1100円 ❷
金沢駅から金沢21世紀美術館までのイラストマップをプリント。3色展開。

※デザイン変更の予定あり

ZUROKKINNG
（ズロッキング）
各3300円 ❶
美術館で触れて感じたアートを「持ち歩こう、持ち帰ろう」というコンセプトで、図録を入れるためのバッグ。

magmaステッカー
550円 ❶
独特の世界観をもつアーティストユニット、「magma」によるオリジナルステッカー。

柄は3種類
カラフルでモダンなデザイン

2つのミュージアムショップ
どちらで *Buy?*

アロマキャンドルとして楽しめる

Rotch（ロッチ）
3種セット3520円 ❶
単品 各880円 ❶
ロウソクとマッチが一つになった「ロッチ」。単品の場合、蝋燭台は別売り。1本の燃焼時間は約30分。

ひめだるまカード
1枚 275円 ❷
だるま型に型抜きしたカード。定形外郵便物として、120円切手で送れる。

乙女心全開のキュートなカード

SHOP DATA

ミュージアムショップ❶
アート関連のグッズ・書籍が揃う
☎076-236-6072 🕙10時〜18時30分（金・土曜は〜20時30分）㊡月曜（祝日の場合は翌日）**MAP** P21右下

ミュージアムショップ2❷
洋書の取り扱いが豊富
☎076-236-6072 🕙10時〜18時30分（金・土曜は〜20時30分）㊡月曜（祝日の場合は翌日）**MAP** P21右下

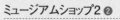
ミュージアムショップは、一般書店では手に入りにくい展覧会カタログや専門書籍なども充実しています。

金沢21世紀美術館・兼六園 ● カフェレストラン Fusion21＆ミュージアムショップ

アーティストのことを知れば 作品がもっと楽しめます

収蔵作品の制作者は世界に名だたる有名アーティストたち。
その姿に迫れば、さらに作品に近づくことができるかも。

金沢21世紀美術館の
建築を手がけた

SANAA
さなあ

妹島和世（1956年、茨城県出身）と
西沢立衛（1966年、神奈川県出身）による男女の建築家ユニット。
1990年、妹島和世建築設計事務所に西沢立衛が入所し、その5年後、
SANAAを設立した。ルーヴル美術館の分館、ルーヴル・ランス美術館など美術館建築のほか、空間構成などを幅広く手がけている。流動的な空間と交流を意識した建築を得意とし、2010年、「建築界のノーベル賞」といわれる「プリツカー賞」を受賞。
●主な作品：熊野古道なかへち美術館（和歌山県）、ローザンヌ連邦工科大学ROLEXラーニングセンター（スイス）など

撮影：中道淳／ナカサアンドパートナーズ、写真提供：金沢21世紀美術館 ©DEAN KAUFMAN

©TAKASHI OKAMOTO

©SANAA /IMREY CULBERT / Celia Imrey et Tim Culbert
- MOSBACH PAYSAGISTE / Catherine Mosbach
Photographie © Hisao Suzuki

国内外で高い評価を受けるSANAA

1 夕暮れどきは街を照らすランプのよう **2** ニューヨークにあるニューミュージアム **3** Lens（フランス）のルーヴル美術館分館。パリからLensへはTGVで約1時間

SANAAの椅子に座ってみましょう

ラビットチェア
フリーハンドで描いたような左右非対称の「耳」が特徴。市役所側の通路に並ぶ。

ドロップチェア
かわいらしい雫の形が特徴。数個がセットになり、美術館を囲む芝生の数カ所に設置。

フラワーチェア
花びらを3つつけたような形の椅子。油圧式エレベータで下りてすぐの地下フロアに配置。

ブルー・プラネット・スカイ（2004）
の作者

ジェームズ・タレル

1943年、ロサンゼルス（アメリカ）生まれ。知覚心理学や数学を学んだ経験から、体の感覚に働きかけることで知覚の本質を探求する。光に注目したインスタレーションが多い。
●主な作品：ローデンクレーター（アメリカ）、光の館（新潟県）など

天井から空の表情が楽しめる
MAP P21 **5**

カラー・アクティヴィティ・ハウス（2010）
の作者

オラファー・エリアソン

©2010 Olafur Eliasson

1967年、コペンハーゲン（デンマーク）生まれ。光や色、鏡を使って、目に見える現象をどのように感じるか、その過程を探る。目で見ることを純粋に楽しめるところが特徴。
●主な作品：ニューヨークシティ・ウォーターフォール（アメリカ）など

ライトが灯ると昼間とは違った趣
MAP P21 **4**

L'Origine du monde
世界の起源(2004)
の作者
アニッシュ・カプーア
1954年、ムンバイ（インド）生まれ。人間の存在とモノとの関係をテーマに、漆や大理石など、さまざまな素材を使った作品は、次元を超えた未知なる世界を生み出し、錯覚を利用して空間概念の再考を促す。
●主な作品：マルシュアス（イギリス）、など

写真提供：金沢21世紀美術館

前に立つと、真っ黒な楕円がさまざまな見え方に
MAP P21 左下

アリーナのためのクランク
フェルト・ナンバー3(2004)
の作者
フロリアン・クラール
1968年、シュトゥットガルト（旧西ドイツ）生まれ。数学や音楽を制作の根幹とし、音を利用したり、波のデジタル解析データをもとにしたりした作品を制作。
●主な作品：フラグメントNo.5（東京都）など

2004年の開館時に、一緒に制作された作品
MAP P21 ❸

スイミング・プール(2004)
の作者
レアンドロ・エルリッヒ
1973年、ブエノスアイレス（アルゼンチン）生まれ。だまし絵のような世界で、観る人の知覚を混乱させてしまう作品が特徴。人間の存在の本質について再考を促している。
●主な作品：不在の存在（香川県）、水平な建物（フランス）

夜は、ライトアップの光と相まって幻想的
MAP P21 ❶

ラッピング(2005)
の作者
LAR／フェルナンド・ロメロ
1971年、メキシコ・シティ（メキシコ）生まれ。直角から流動的なフォームへ流れていく独特のデザインが特徴。文化施設から住宅まで、制作は幅広い。
●主な作品：ソウヤマミュージアム（メキシコ）など

LAR／フェルナンド・ロメロ
『ラッピング』
2005年
金沢21世紀美術館蔵
撮影：渡邊修
提供：金沢21世紀美術館

内部に入ることができる体験型のパビリオン
MAP P21 右下

市民ギャラリー
2004.10.09-2005.03.21(2004)
の作者
マイケル・リン
1964年、東京（日本）生まれの台湾人。台湾、アメリカ、パリなど、異なる文化圏での生活経験を生かして生まれた、伝統や様式という枠を超えた表現が特徴。
●主な作品：無題（青森県）、グリーンハウス（福岡県）など

館の人気作品。一時期外されていたが2020年2月から復活
MAP P21 中央

緑の橋(2004)
の作者
パトリック・ブラン
1953年、パリ（フランス）生まれ。植物学者でもある。限られた条件の中においても植物が育つことに着目し、建物の外壁などに植物を植え込む作品を展開している。
●主な作品：カルティエ現代美術財団（パリ）など

金沢の気候に適した約100種類の植物が建物を覆う
MAP P21 中央

雲を測る男(1998)
の作者
ヤン・ファーブル
1958年、アントワープ（ベルギー）生まれ。昆虫やクモのドローイングや動物の剥製を使った彫刻など、生と死、宗教と科学といった普遍的なテーマを幅広い表現で扱っている。
●主な作品：昇りゆく天使たちの壁、コノハムシ（いずれも同館）

映画『終身犯』から着想。人型は作者自身だ
MAP P21 中央

あなたは自分を再生する
(2004)の作者
ピピロッティ・リスト
1962年、ラインタール（スイス）生まれ。ポップで流動的な色彩、映像と音楽が融合した表現を得意とする。リストの作品は、グロテスクな表現の中に、人間という存在へのやさしさが垣間見える。
●主な作品：エバーイズオーバーオール（アメリカ）など

撮影：木奥惠三
写真提供：金沢21世紀美術館

トイレの中にもアート。再生する神聖な場所と祭壇を設置
MAP P21 中央上、中央左

季節ごとにビューティフル！
ミシュラン3ツ星の兼六園

見学所要
1時間30分

日本三名園の一つに数えられる、江戸時代の大名庭園の代表格。
ミシュランの観光地ガイド（2015年改訂4版）で最高ランクの3ツ星に選ばれた名園です。

徽軫灯籠と霞ヶ池は、兼六園を代表する風景

けんろくえん
兼六園

**加賀百万石の雅を感じさせる
国の特別名勝に指定された名園**

金沢城の外庭として、5代当主前田綱紀以降、歴代藩主により長い歳月をかけて造営された庭園で、水戸の偕楽園、岡山の後楽園と並び、日本三名園の一つに数えられる。庭園のスタイルは、庭を歩いて巡りながら楽しむ林泉回遊式。起伏ある約3万5000坪の園内は、池や曲水、滝など、水の流れが豊かな表情を見せ、四季折々さまざまな植栽に彩られる。

雁行橋など、さまざまな橋もみどころの一つ

☎076-234-3800（金沢城・兼六園管理事務所）
🏠金沢市兼六町1 ¥320円 ⏰7〜18時（10月16日〜2月末日8〜17時）休無休 🚌バス停兼六園下・金沢城から徒歩3分 Ｐ石川県兼六駐車場など周辺有料駐車場利用 ＭＡＰP139E・F2〜3

江戸時代末期に作られた日本最古といわれる噴水

3度花の色を変える兼六園菊桜

300枚以上の花弁がある、コロンとしたかわいい桜の花。深紅から薄紅、最後は白っぽくと、3度花色が変化。4月下旬から5月上旬まで楽しめる。

\ ミシュラン3ツ星の兼六園 /

四季のみどころを総ざらい

春

約400本の桜をはじめ園内は花の競演

早春に咲く約200本の紅白の梅から始まり、4月に入ると約40種類400本の桜が園内をピンク色に染め上げる。兼六園菊桜、兼六園熊谷、旭桜など、珍しい桜も。

夏

曲水に新緑とカキツバタが映える

初夏には緑の中にツツジの鮮やかなピンク色が映え、曲水はカキツバタの鮮やかな紫色に彩られる。新緑の美しさも格別で、木洩れ日に苔がきらめいて見える。

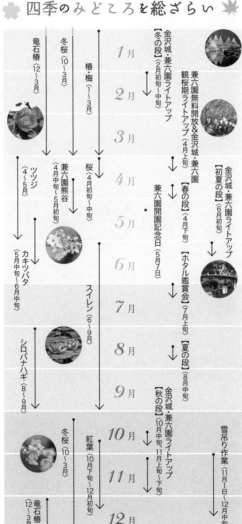

竜石椿（12〜3月）
冬桜（10〜3月）
椿・梅（1〜3月）
ツツジ（4〜5月）
兼六園熊谷（4月中旬〜5月初旬）
桜（4月初旬〜中旬）
カキツバタ（5月中旬〜6月中旬）
スイレン（6〜9月）
シロバナハギ（8〜9月）
冬桜（10〜3月）
紅葉（10月下旬〜12月初旬）
竜石椿（12〜3月）

金沢城・兼六園ライトアップ【冬の段】（2月初旬〜中旬）
兼六園無料開放＆金沢城観桜期ライトアップ（4月上旬）
兼六園開園記念日（6月7日）
金沢城・兼六園ライトアップ【春の段】（4月下旬）
【初夏の段】（6月初旬）
【ホタル鑑賞会】（7月上旬）
金沢城・兼六園ライトアップ【夏の段】（8月中旬）
金沢城・兼六園ライトアップ【秋の段】（10月中旬〜11月上旬〜下旬）
雪吊り作業（11月1日〜12月中旬）

1月 2月 3月 4月 5月 6月 7月 8月 9月 10月 11月 12月

秋

木々が色づき園内を赤や黄に染める

山崎山から霞ヶ池に浮かぶ蓬莱島、そして翠滝あたりへ。紅葉は高台から始まり、徐々に下に降りてくる。11月1日からの雪吊り作業も、晩秋の風物詩の一つ。

冬

真っ白な雪が積もり水墨画の風景に

唐崎松の枝に降り積もった雪と、円錐形に拡がる雪吊りの幾何学模様が、清らかな美しさを醸す。冬の朝の厳しくも凛としたモノトーンの風景は一幅の水墨画のよう。

約160種8200本の多様な樹木に覆われた兼六園は、自然がつくり出すさまざまな四季の表情も魅力の一つです。

日本三名園の庭を
じっくり散策してみましょう

水戸の偕楽園、岡山の後楽園と並び、名園と称される兼六園。
植栽や橋、ポスターでもおなじみの灯籠など、必見のみどころへご案内します。

兼六園の
シンボル的存在です

1 徽軫灯籠
ことじとうろう

片方の足が短いのは明治の初めに何らかの理由で折れたものと伝わり、それ以前の絵図では2本が同じ長さをしている。琴の糸をささえる「琴柱」に似ていることから名がついた。

雪見灯籠として作られたもの

堂々とした風格が
感じられます

2 唐崎松
からさきのまつ

霞ヶ池に面してたたずむひときわ立派な黒松。13代斉泰が、琵琶湖畔の唐崎から種子を取り寄せて育てたもので、樹齢はおよそ190年。

雪吊り作業はこの松からスタート

3 雁行橋
がんこうばし

眺めると長生き
できる言い伝えが

雁が列をなして飛んでいるように見えることからこの名に。石の形が亀の甲羅の形をしていることから、亀甲橋ともよばれている。

※現在は通行不可。

おり
坂道
真弓坂口

広坂
金沢21世紀美術館へ

4 花見橋
はなみばし

お花見するなら
この橋の上で

欄干の柱の頭に擬宝珠のある、木製の橋。4月は桜の花、5月には曲水のカキツバタやツツジの眺めがいいのが、名前の由来。橋の下を曲水が流れる。

桜の季節は、まさに春爛漫の風景

2mも盛り上がった
根に注目!

5 根上松
ねあがりのまつ

40数本の根が地上2mまでせりあがった、迫力たっぷりの松。土を盛り上げて若松を植え、成長後に土を除いて根を出したという。

13代斉泰のお
手植えともいわ
れる

散策の合間に発見しちゃいました！

大きな鯉が悠々
と泳いでいます

いろいろな種類の
苔がキラキラ

サギなどの鳥も
やってきます

ずんぐりした
カワイイ灯籠

金沢の地名の由来金城霊澤（きんじょうれいたく）

芋掘藤五郎（いもほりとうごろう）が、芋と一緒に土から出てきた砂金をここで洗い、人々に分け与えたことから、「金洗沢（かなあらいのさわ）」とよばれたのが「金沢」の由来とか。

MAP P31下

いろんな角度から眺めてみよう

6 霞ヶ池（かすみがいけ）

園内で最も大きな池。この池を中心に、栄螺山、内橋亭、徽軫灯籠、唐崎松、蓬莱島などの名勝があり、代表的な風景を形成している。

徽軫灯籠の逆側は広々とした眺め

0　N　50m

7 噴水（ふんすい）

金沢城の噴水の試作品だと伝わる、日本庭園には珍しい噴水。霞ヶ池から管を引いて、自然の水圧によって噴き上がる仕組み。

現存する日本最古といわれる噴水

園内の高低差を巧みに利用した造り

地図内ラベル：
- 金沢城公園へ
- 兼六園下へ
- 石川橋
- 桂坂口
- 見城亭
- 桜ヶ岡口
- 1 徽軫灯籠
- 桜ヶ岡
- 眺望台
- 虎石
- 2 唐崎松
- 蓮池門口
- 7 噴水
- 獅子巌
- 常磐ヶ岡
- 兼六園 三芳庵 P32
- 内橋亭 P32
- 3 雁行橋
- 蓬莱島
- 上坂口
- 栄螺山
- 6 霞ヶ池
- 七福神山
- 翠滝
- 瓢池
- 根上松 5
- 4 花見橋
- 時雨亭 P32
- 長谷池
- 曲水
- 梅林
- 山崎山
- P35成巽閣
- いしかわ生活工芸ミュージアム P39
- 随身坂口
- 小立野口
- 兼六坂上
- 石川県立美術館 P39
- 金沢神社
- 金城霊澤
- 出羽町

時間があればココにも！

山崎山（やまざきやま）

兼六園の東の端、小立野口の近くにある小高い築山。落葉樹が多く植えられており、新緑と紅葉の美しさは格別。

MAP P31右下

緑陰が夏でも涼しげな雰囲気

秋に見られるムラサキシキブ

西側の瓢池周辺が、兼六園作庭初期の姿が残る場所です。翠滝（みどりたき）をはじめ、寂びた趣が感じられます。

散策の後はほっとひといき
お庭を見ながら和スイーツ

散策に疲れたら和菓子やお茶をいただきながらひと休みはいかがですか。
お庭を眺めながらゆったりくつろげば、江戸の昔のお姫様気分が味わえます。

お抹茶
（季節の生菓子付き）
750円

けんろくえん みよしあん
兼六園 三芳庵

瓢池を望む景色もごちそう

創業明治8年（1875）。建物は瓢池に浮かぶように立てられていて、翠滝に落ちる水の音が聞こえる涼しげな空間。春はしだれ桜、秋は紅葉を眺めながらの一服が楽しめる。

☎076-221-0127 ●9時30分〜17時（季節により変動あり）休水曜（予約により変動あり）MAP P31左上

1 130年以上の歴史があり、多くの文人墨客が訪れた由緒ある料亭 2 歴史を感じさせる水亭は瓢池に浮かぶ 3 金沢の伝統料理が味わえる瓢弁当 2200円

抹茶
（生菓子付き）
730円

しぐれてい
時雨亭

お部屋の外はしっとり和風庭園

廃藩の後、撤去された時雨亭を平成12年（2000）、新しい庭園の完成とともに再現、亭内では抹茶のほか煎茶（干菓子付き）310円も楽しめ、優雅なひとときに浸ることができる。

☎076-232-8841 ●9時〜16時30分（入亭は〜16時）休無休 MAP P31左

1 季節ごとの上生菓子を楽しめる 2 庭は平成12年（2000）に整備

抹茶セット
（お菓子付き）
700円

うちはしてい
内橋亭

まるで池に浮かんでいるよう

名の由来は、2つの屋形を橋でつなげていることから。藩政時代の建物である本席には入室できないが、手前のお座敷の建物は窓から霞ヶ池を眺められ、明るく開放的な雰囲気が魅力だ。

☎076-262-1539 ●9〜17時（冬期は〜16時）休水曜 MAP P31中央

1 金沢の伝統工芸大樋焼の茶碗でいただく 2 霞ヶ池に面した三方が開けた空間

あなたは知ってた？
兼六園の "六" ってね

金沢へ来たなら一度は訪れてみたい兼六園。その名前の由来をご存じ？
どうやら「兼」と「六」に重要なヒントが隠されているようですよ。

兼ね備えることが難しい六つの景観を備えているからこその名園

加賀前田家5代当主 前田綱紀
積極的な文化振興策をとった藩主として有名（前田育徳会蔵）

噴水の向かい側あたりが兼六園の始まりの場所

兼六園作庭の始まりは、5代綱紀の時代（1643〜1724）。城に面した傾斜地に、別荘と庭園を造営した。以降、何代ににもわたって整備し、現在に近い兼六園ができたのは、それから約180年後、13代斉泰の時代といわれている。兼六園の名は造園当初からあったものではなく、12代斉広のころに名付けられたもので、中国・宋の書物『洛陽名園記』に起因するという。「広々としたさま（＝

宏大）を表そうとすると静寂や奥深さ（＝幽邃）に欠ける、人工的なもの（＝人力）が勝れば古びた趣（＝蒼古）が乏しくなる、水の流れ（＝水泉）を多くすると遠くが眺め（＝眺望）られない。庭園でこの六勝を備えることはとても難しく、洛陽の湖園のみがすべてを兼ね備えている」と書かれており、湖園に引けを取らない名園として「兼六園」と名付けられたといわれている。

多くの人の手で美しい庭が保たれている

重臣の家から500人で運んだ旭桜の子孫

園内で六勝を探してみましょう

宏大 こうだい
明るく、広々としていること。兼六園では開放的な景観を指す。
例えばこんな風景
霞ヶ池 **MAP** P31 ⑥

⟵⟶

幽邃 ゆうすい
物静かで奥深い、うっそうとした、緑の山峡のような趣の景観。
例えばこんな風景
常磐ヶ岡 **MAP** P31中央上

人力 じんりょく
橋や灯籠、植栽など、文字どおり、人の手がかかっているということ。
例えばこんな風景
七福神山 **MAP** P31右

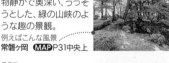

⟵⟶

蒼古 そうこ
古びていて寂びた趣や深みがあり、自然のままのような風景の場所。
例えばこんな風景
翠滝 **MAP** P31左

水泉 すいせん
曲水や池、滝など、園内のいたるところで感じる水の流れを指す。
例えばこんな風景
瓢池 **MAP** P31左

⟵⟶

眺望 ちょうぼう
日本海や医王山の山並みなど、遠くまで見渡せる眺めのよさ。
例えばこんな風景
眺望台 **MAP** P31右上

兼六園と併せて行きたい
加賀藩ゆかりのスポット

金沢城を中心に、兼六園周辺はかつての加賀藩の心臓部でした。
加賀百万石の栄華が偲ばれる歴史スポットを見学しましょう。

ここに注目！
石川門 (いしかわもん)
天明8年（1788）に再建された国の重要文化財。白壁に鉛瓦が特徴。

Ⓐ鼠多門内部は見学できる Ⓑ鼠多門と鼠多門橋 Ⓒ藩政時代に再建された石川門。春は桜が美しい

見学所要 1時間

金沢城公園 (かなざわじょうこうえん)

加賀百万石大名の居城を見学

天正11年（1583）に前田利家が入城して以来、約290年間、前田家の居城だった金沢城。城内には藩政時代から残る石川門や三十間長屋に加え、戦時に二の丸を守る役目があった菱櫓・五十間長屋・橋爪門続櫓や、高い防御性能を誇り、金沢城の実質的な正門だった河北門などが、古絵図や参考資料をもとに伝統的な技法を用いて復元されている。令和2年（2020）には黒い海鼠漆喰が特徴の「鼠多門」と城内最大規模の木橋「鼠多門橋」が復元整備された。兼六園と向かい合う石川門は、金沢屈指の桜の名所。

☎076-234-3800（石川県金沢・兼六管理事務所）🏠金沢市丸の内1-1 ¥無料（菱櫓・五十間長屋・橋爪門続櫓・橋爪門は320円）🕖7〜18時（10月16日〜2月末は8〜17時）、菱櫓・五十間長屋・橋爪門続櫓・橋爪門、河北門、鼠多門は9時〜16時30分（入館は〜16時）休無休🚌バス停兼六園下・金沢城から徒歩3分 🅿石川県兼六駐車場など周辺駐車場利用 MAP 139D1

ここに注目！
ステンドグラス
夜間はライトアップされ、ひときわ幻想的な雰囲気に包まれる。

見学所要 20分

尾山神社 (おやまじんじゃ)

藩祖と正室を祭る金沢の総鎮守

加賀藩の藩祖前田利家公と、正室おまつの方を祭る神社。五彩のギヤマン（ステンドグラス）が輝く和洋漢折衷の神門は国の重要文化財。境内には、琵琶などの和楽器をモチーフにした庭園もある。

☎076-231-7210🏠金沢市尾山町11-1 ¥🕖休境内自由🚌JR金沢駅から北鉄バス片町方面行きで7分、南町・尾山神社下車、徒歩3分 🅿15台 MAP P138C1

Ⓐ明治8年（1875）に完成した神門。当時は灯台としても利用されていた Ⓑご神灯が点灯されている神門の3層

お城の中のせせらぎ空間
市民憩いの散策路へ

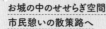

石川門近くの緑豊かな小径は、白鳥路とよばれ、元は金沢城を囲む堀の一つだったもの。金沢三文豪などの彫像が並び、6月ごろにはホタルが見られることも。
MAP P139E1

見学所要 30分

成巽閣
せいそんかく

藩主が母に捧げた優美な御殿

第13代藩主斉泰が、母である、眞龍院の隠居所として兼六園に造営。女性の住まいにふさわしく、全体が華麗な色彩と優美な絵で彩られている。20mある縁側、つくしの縁に柱が使われてないのは、居間からの庭の景観を損なわないためで、母への心遣いが感じられる。四季を通じて前田家ゆかりの品々を企画展示している（内容や期間等は要問合せ）。

☎076-221-0580 **住**金沢市兼六町1-2
¥700円（特別展1000円）**時**9〜17時（入館は〜16時30分）**休**水曜（祝日の場合は翌日）**交**JR金沢駅から兼六園シャトルバスで14分、県立美術館・成巽閣からすぐ **P**7台 **MAP** P139F3

ここに注目！
えっけんのま
謁見の間
藩主の公式な御対面所だった部屋。極彩色の岩絵具で彩られている。

A 群青の間の青はウルトラマリンの塗料を使用 B のんびり庭を眺めたいつくしの縁 C 欄間の鳳凰の彫刻が見事な謁見の間 D お手製の小物入れ

ここに注目！
きちょうなしょぞうひん
貴重な所蔵品
実際に使用された鎧（よろい）や兜（かぶと）、刀などを展示している

見学所要 30分

加賀本多博物館
かがほんだはくぶつかん

加賀藩に功績を尽くした本多家

加賀藩の筆頭家老で加賀八家の一つに数えられる本多家。初代は戦国時代に活躍し、その後加賀藩に仕えた。五万石の禄高をもつ位の高さから藩主前田家より姫君が輿入れし、その愛用品をはじめ貴重な武具などを展示。また、五万石から十万石への加増を辞退した際に拝領した家宝、村雨の壺は必見。赤レンガの建物は国指定重要文化財。

☎076-261-0500 **住**金沢市出羽町3-1 **¥**入館400円（石川県立歴史博物館との共通券500円）**時**9〜17時（入館は〜16時30分）**休**無休（12〜2月は木曜）**交**バス停県立美術館・成巽閣から徒歩3分 **P**30台（石川県立歴史博物館と共同）
MAP P139F4

A 関ヶ原の戦いで身につけた色々威二枚胴具足 B 本多家の奥方が火事の際に着用した火事装束

初詣や七五三などで金沢市民に親しまれている尾山神社。近年は前田利家の勝負強さにあやかりたい参拝客も多いそうです。

有名シェフのお店で
ランチして→お茶してフルコース

フレンチの名店での贅沢ランチ＆日本茶とスイーツの極上カフェ。
金沢でしか味わえないフルコースを楽しみましょう。
※メニューや素材は季節により変更される場合があります。

13:00 Lunch Time

クラシカルな外観にどきどきです

ランチは旧知事室でもいただけます

MENU DEJEUNER
4950円（サービス料別）
甲殻類のムースなど3種類のアミューズ、フォアグラのラヴィオリ、メインは軽く燻製をかけた鴨胸肉のロースト

"ムッシュ ポール・ボキューズ"のクレーム・ブリュレ

食後はレストラン前の庭をお散歩

ごちそうさまでした！

ジャルダン
ポール・ボキューズ

クラシカルな旧県庁舎でとっておきのフランス料理を

迎賓館の中の華麗なるグランメゾン。リヨンと金沢が融合した、ポール・ボキューズとひらまつのコラボレーションで石川の恵みを生かしたメニューを提供。ランチはもちろん、ディナー9900円（サービス料別）〜もおすすめ。

☎076-261-1161 住金沢市広坂2-1-1 ⏰11時30分〜15時（13時30分LO）17時30分〜22時（20時LO）休月曜（祝日の場合は翌日）※カフェ＆ブラッスリーは⏰11〜19時（18時LO）無休（10〜3月は月曜、祝日の場合は翌日）交バス停広坂・21世紀美術館から徒歩1分 P95台（有料）MAPP139D2

ポール・ボキューズさん
1926年生まれ。料理人初のレジオン・ド・ヌール勲章を受勲。現代フランス料理の生みの親といわれる。

1階にはカジュアルなカフェ＆ブラッスリーが気軽にフランス料理やカフェを楽しみたい人はこちら。デザートセット918円〜など。

前庭につながるガーデンカフェ

石川県立美術館の
ミュージアムショップ

LE MUSÉE DE H KANAZAWAがある石川県立美術館のミュージアムショップでは、所蔵作品をもとにデザインした漆器、古九谷風小皿（935円）などを販売。
☎076-231-7580 **MAP** P139E3

🕒15:00

Tea Time

スタイリッシュなエントランス

スイーツはここで供されます

甘いものは別腹♪

セラヴィ 648円
ピスタチオの風味とベリーの酸味をホワイトチョコのムースがやさしく包み込む

エーグル 648円
香り高いヘーゼルナッツとミルクチョコの甘さにレモンが爽やか

セゾン・ド・ガトー 594円
能登の牛乳「能登ミルク」とセイアグリー健康鶏を使う

いただきながら、しつらえにも目を向けましょう

（る みゅぜ どう あっしゅ かなざわ）
LE MUSÉE DE H KANAZAWA

"コンセプトG"で季節のお茶と石川素材スイーツを

石川県出身の世界的パティシエ辻口博啓氏による、地元食材を使ったオリジナルスイーツを展開。日本茶とスイーツの新たな融合を試みた茶室"コンセプトG"は、金沢だけのオリジナル。加賀棒茶など季節のお茶と金沢でしか味わえないスイーツがコースで楽しめる。
☎076-204-6100 🏠金沢市出羽町2-1 石川県立美術館内 🕙10～19時（18時30分LO）休無休 🚌バス停県立美術館・成巽閣から徒歩2分 🅿60台 **MAP** P139E3

（つじぐちひろのぶ）
辻口博啓さん
数々の世界大会に日本代表として出場し、多くの優勝経験をもつ。13ブランドを展開中。

🍪 **オリジナル焼菓子をおみやげにいかが？**
石川県産の食材を使った焼菓子は86円～は見た目も◎でおみやげにぴったり。

ネージュ中島菜2個入り135円など

📖 LE MUSÉE DE H KANAZAWAのスイーツ「YUKIZURI」は兼六園の雪吊りをイメージ。梅がほんのり香り、手みやげに人気です。

ココにも行きたい

金沢21世紀美術館・兼六園周辺のおすすめスポット

いしかわしこうきねんぶんかこうりゅうかん
石川四高記念 文化交流館

四高と石川県ゆかりの文学を紹介

明治24年（1891）竣工の旧第四高等中学校の校舎。館内には昔の教室を生かしたレトロな休憩室や、石川県ゆかりの作家を紹介した石川近代文学館がある。**DATA**☎076-262-5464 ●金沢市広坂2-2-5 ¥無料（文学館見学は370円）●9～21時、展示室9～17時（入館は～16時30分）●無休 ●バス停香林坊から徒歩4分 ●なし **MAP**P138C2

いしかわけんせいきねんしいのきげいひんかん
石川県政記念 しいのき迎賓館

旧県庁舎が賑わいと交流の場に

樹齢約300年のシイノキをシンボルに、大正時代に建てられた旧石川県庁舎をリニューアル。兼六園周辺総合案内所やギャラリーのほか、旧知事室を改築したレストラン（☞P36）や、カフェなどがある。**DATA**☎076-261-1111 ●金沢市広坂2-1-1 ¥無料 ●9～22時 ●無休 ●バス停広坂・21世紀美術館から徒歩1分 ●95台（有料）**MAP**P139D2

かなざわしりつなかむらきねんびじゅつかん
金沢市立 中村記念美術館

茶道具など日本伝統の美術品が充実

地元の美術愛好家、中村栄俊氏の茶道美術コレクションを中心に、書や日本画など、美しい名品を収蔵展示。**DATA**☎076-221-0751 ●金沢市本多町3-2-29 ¥310円 ●9時30分～17時（入館は～16時30分）●月曜、展示替え期間 ●JR金沢駅から北鉄バス本多町方面行きで13分、本多町下車、徒歩3分 ●20台 **MAP**P139E4

すずきだいせつかん
鈴木大拙館

心がニュートラルになる思索の館

金沢出身の仏教哲学者、鈴木大拙の思想にふれ、自ら考える場所として開館。壁の色や質感、廊下や窓の大きさまで綿密に計算され、見学者を思索へと導く知的な空間となっている。**DATA**☎076-221-8011 ●金沢市本多町3-4-20 ¥310円 ●9時30分～17時（入館は～16時30分）●月曜（祝日の場合は翌日）●JR金沢駅から北鉄バス本多町方面行きで13分、本多町下車、徒歩4分 ●なし **MAP**P139E4

いしかわけんりつれきしはくぶつかん
石川県立歴史博物館

石川県の歴史と文化を学べる博物館

貴重な実物資料を展示し、石川県の歴史や民俗を紹介している。また、赤レンガの建物は明治から大正にかけて建てられた国指定の重要文化財で、「赤レンガミュージアム」の愛称で親しまれている。**DATA**☎076-262-3236 ●金沢市出羽町3-1 ¥300円（特別展は別途）●9～17時（入館は～16時30分）●展示替え期間 ●バス停広坂・21世紀美術館から徒歩8分 ●45台 **MAP**P139F4

いしかわけんかんこうぶっさんかん
石川県観光物産館

気軽に本格和菓子の手作り体験

石川県下の名店70店の物産が揃う。職人さんの指導で上生菓子を作る体験が好評。所要約40分と短時間だが、でき映えは本格派。平日は13時1回、土・日曜、祝日は10時以降4回開催。12月は要問合せ。体験料1500円で予約がベスト。**DATA**☎076-222-7788 ●金沢市兼六町2-20 ●9時30分～17時50分 ●冬期火曜、臨時休館あり ●バス停兼六園下・金沢城からすぐ ●3台 **MAP**P139F1

こくりつこうげいかん
国立工芸館

近現代工芸・デザイン専門の美術館

photo Takumi Ota

日本と外国の工芸およびデザイン作品、約4000点を収蔵。建物は明治期に建てられた国登録有形文化財の旧陸軍施設を移築し活用。**DATA**☎050-5541-8600 ●金沢市出羽町3-2 ¥展覧会ごとに異なる ●9時30分～17時30分（入館は～17時）●月曜（祝日の場合は翌日）、展示替え期間 ●バス停出羽町から徒歩5分 ●約250台 **MAP**P139E4

かがゆうぜんかいかん
加賀友禅会館

作家気分で友禅染め体験

加賀友禅を紹介している施設で、加賀友禅の型染め体験ができる。すでに線描きがされているデザインに合わせて、はけで色をつけていく体験。色のグラデーションも作れる。ハンカチ1650円。ほかに、トートバッグ、巾着など。**DATA**☎076-224-5511 ●金沢市小将町8-8 ¥310円 ●9～17時 ●水曜（祝日の場合は開館）●バス停兼六園下・金沢城から徒歩3分 ●なし **MAP**P139F2

てうちそば さらしなふじい
手打そば 更科藤井

洗練された手打そばが評判

東京の老舗で修業した主人が切り盛り。季節の料理を肴に一杯やるというスタイルは東京流。そばは900円～で、かき揚げそば1950円。**DATA**☎076-265-6870 ●金沢市柿木畠3-3 ●11時30分～14時LO、17時30分～20時30分LO（日曜、祝日11時30分～14時、17～19時、売り切れ次第終了）●月曜（祝日の場合は翌日）ほか不定休 ●バス停香林坊から徒歩5分 ●なし **MAP**P138C3

かんみどころ うるしのみ
甘味処 漆の実
器使いにも注目したい漆器店の甘味処

漆器の老舗、能作の直営店。能登大納言小豆を炊いた自家製餡や、注文を受けてからゆでる白玉など、丁寧に手作り。人気は抹茶クリームぜんざい白玉入り840円。**DATA** ☎076-263-8121（能作）**住**金沢市広坂1-1-60能作4階 **時**11時〜18時15分LO（土・日曜、祝日10時〜、1・2月は〜17時15分LO）**休**水曜（8月は不定休）**交**バス停香林坊から徒歩5分 **P**2台 **MAP**P138C3

つぼみ
つぼみ
しっとり和カフェで素材厳選の甘味

吟味した素材と、金沢郊外から汲んでくる名水を使った手作り甘味が評判。名物は吉野産本葛粉100％のくずきり820円と本蕨粉のわらび餅980円で、抹茶アイスや抹茶プリンなど、抹茶づくしのつぼみ特製抹茶パフェ880円もおすすめだ。**DATA** ☎076-232-3388 **住**金沢市柿木畠3-1 **時**11時〜18時 **休**水曜 **交**バス停香林坊から徒歩4分 **P**なし **MAP**P139D3

せれくとしょっぷじお
セレクトショップGIO
暮らしを豊かにする上質な工芸品

食環境プロデューサー・木村ふみ氏によるセレクトショップ。九谷焼や山中塗など石川県の伝統工芸品をはじめ、全国の洗練されたデザインのアイテムが揃う。九谷焼のかわいい小皿1100円〜や、山中塗のカラフルななつめ1430円が好評。**DATA** ☎076-261-1114 **住**金沢市広坂2-1-1いいのき迎賓館1階 **時**10〜17時 **休**月曜 **交**バス停広坂・21世紀美術館から徒歩1分 **P**95台（有料）**MAP**P139D2

まめざらちゃや
豆皿茶屋
金沢の歴史を感じる名産カフェ

鶴の丸休憩館内にあるアンテナショップ的カフェ。押寿しや和菓子など約20種の有名店の名産を扱い、九谷焼の豆皿を使って並べた軽食や甘味が揃う。その日により内容も異なる。金沢の名産品のフードや甘味が9品並ぶ殿 皿 御膳2500円。**DATA** ☎076-232-1877 **住**金沢市丸の内1-1（金沢城公園内）**時**11〜16時 **休**無休 **交**バス停兼六園下・金沢城から徒歩5分 **P**なし **MAP**P139E1

いまいきんぱく ひろさかてん
今井金箔 広坂店
手ごろな金箔アイテムいろいろ

箔メーカーの直営ショップ。金箔や銀箔、色箔などさまざまな箔と、金箔を使った食品や器、アクセサリーなどを揃えている。金箔のふりかけミニ金箔花648円（写真）や、金箔入りの金花茶あめ8個入り378円は、手ごろみやげにぴったり。**DATA** ☎076-221-1109 **住**金沢市広坂1-2-36 **時**10〜17時 **休**月・金曜 **交**バス停広坂・21世紀美術館からすぐ **P**なし **MAP**P139D3

かなざわじんじゃ
金澤神社
金沢で評判の合格祈願スポット

寛政6年（1794）に加賀藩校「明倫堂」の鎮守社として創建された。学問の神・菅原道真を祭る"金沢の天神さん"で、受験生の信仰を集める合格祈願の社。受験シーズンには合格を願う絵馬でいっぱいに。金運や災難除けのご利益も。**DATA** ☎076-261-0502 **住**金沢市兼六町1-3 **時**境内自由（社務所は9時30分〜17時）**休**なし **交**バス停県立美術館・成巽閣からすぐ **P**なし **MAP**P139F3

加賀百万石を感じる ミュージアム巡り
藩政時代から受け継がれてきた伝統工芸や伝統芸能の世界にふれてみよう。

かなざわのうがくびじゅつかん
金沢能楽美術館
貴重な能面や能装束を展示

金沢の能楽の歴史を紹介。貴重な名品を堪能しよう。**DATA** ☎076-220-2790 **住**金沢市広坂1-2-25 **¥**310円 **時**10〜18時（入館は〜17時30分）**休**月曜（祝日の場合は翌平日）**交**バス停広坂・21世紀美術館から徒歩2分 **P**322台（有料）**MAP**P139D3

いしかわけんりつびじゅつかん
石川県立美術館
国宝仁清の色絵雉香炉を常時展示

古九谷の名品など石川県ゆかりの美術品を紹介。**DATA** ☎076-231-7580 **住**金沢市出羽町2-1 **¥**370円（企画展は別途）**時**9時30分〜18時（入館は〜17時30分）**休**展示替え期間 **交**バス停県立美術館・成巽閣から徒歩2分 **P**60台 **MAP**P139E3

いしかわせいかつこうげいみゅーじあむ
いしかわ生活工芸ミュージアム
石川県の伝統工芸品36業種を紹介

企画展や伝統工芸士による実演や体験も行われている。**DATA** ☎076-262-2020 **住**金沢市兼六町1-1 **¥**2階見学260円 **時**9〜17時（入館は〜16時45分）**休**第3木曜（12〜3月は毎週木曜）**交**バス停県立美術館・成巽閣から徒歩2分 **P**12台 **MAP**P139F3

石川県立美術館から金沢市立中村記念美術館に抜ける遊歩道は、緑豊かで散策にぴったりです。

これしよう！

小粋な和カフェで
ひと休み

お茶屋を利用したカフェで
通りを眺めながら、お茶と
お菓子を（☞P48）。

これしよう！

江戸時代のままの
お茶屋さんを見学

国指定重要文化財 志摩
は、お茶屋の建物を保存・
公開している（☞P42）。

これしよう！

風情たっぷりの
茶屋街を散策

しっとりムードの格子戸は、
外から見えにくい町家建
築の特徴（☞P44）。

ひがし茶屋街は
ココにあります！

金沢城
公園
兼六園
━━ 城下まち金沢周遊バス
━━ 西日本JRバス
━━ 北鉄バス

格子戸のあでやかな街並みにうっとり

ひがし茶屋街
ひがしちゃやがい

かわいい和小物
探しも楽しみ

こんなところ

石畳の通りに連なる格子戸の家並みが美しい
茶屋街。江戸時代に形成された茶屋街で、現在
も芸妓さんが技芸を磨き、三味線の音色が聴
こえることも。お茶屋さん見学や、町家を利用
したおしゃれなショップ＆カフェ巡りなど、
乙女心をくすぐる楽しみがいっぱい。

ａｃｃｅｓｓ

●金沢駅兼六園口（東口）
から
【北鉄バス】
橋場町方面行きで7分、
橋場町下車
【西日本JRバス】
橋場町方面行きで9分、
橋場町下車
【城下まち金沢周遊バス】
橋場町まで右回りで10分

問合せ
☎076-232-5555
金沢市観光協会
広域MAPP137E2

ひがし茶屋街

ひがし茶屋街休憩館で情報収集しよう
町家を復元した無料の休憩所。ボランティアガイドが常駐。
☎076-253-0087

ひがし茶屋街のメインストリート
約100mの石畳の通り。茶屋街の雰囲気が大切に守られている。

国指定重要文化財 志摩
1 (☞P42)

5 箔座ひかり蔵
(☞P53)

3 十月亭
(☞P46)

玉匣
6 (☞P53)

金沢ひがし茶屋街
2 懐華樓
(☞P45)

久連波
4 (☞P48)

観光のヒント
時間に余裕があれば
川沿い散策や主計町へ
浅野川界隈は金沢三文豪の一人、徳田秋聲が育った場所で、近くに記念館(☞P45)がある。川を渡れば、主計町茶屋街(☞P56)もすぐ。

おすすめコースは
3時間
昔ながらのお茶屋の格子が連なる通りが3本あり、古の情緒が色濃く残る。お茶屋を利用したカフェや和雑貨ショップも点在するので、余裕があれば、寄り道しながらゆっくりまわりたい。

スタート バス停 橋場町	1 見る 国指定重要文化財 志摩	2 見る 金沢ひがし茶屋街 懐華樓	3 食べる 十月亭	4 カフェ 久連波	5 買う 箔座ひかり蔵	6 買う 玉匣	ゴール バス停 橋場町
	▶ 徒歩3分	▶ 徒歩30秒	▶ 徒歩1分	▶ 徒歩すぐ	▶ 徒歩1分	▶ 徒歩すぐ	▶ 徒歩4分

一見さんでもおあがりあそばせ
雅なお茶屋さん、志摩を見学

ひがし茶屋街の中ほどに位置する志摩は江戸時代のお茶屋の建物をそのまま保存・公開。
「一見さんお断り」が原則の、お茶屋さん独特の建築や、雅なしつらえを見学しましょう。

紅殻の壁が鮮やかな2階はおもてなしの部屋

くにしていじゅうようぶんかざい しま
国指定重要文化財 志摩

格式の高いお茶屋の雰囲気を
気軽に楽しんで

ひがし茶屋街が形成された文政3年（1820）に建てられたお茶屋を、当時のままに公開している貴重な建物。遊芸を主体とした、開放的で粋な造りとなっており、芸妓が舞などの遊芸を披露する2階は客間で、押し入れや物入れなどがなく、1階より階高が高いのが特徴。細部にわたり優美で繊細な細工が施され、三弦の音が聴こえるような、雅な雰囲気が漂う。

☎076-252-5675 🏠金沢市東山1-13-21 ¥500円
🕐9時30分〜17時30分（12〜2月は〜17時）休 無休
🚌バス停橋場町から徒歩3分 Pなし MAPP137E4

1 2階縁側の欄干の透かし彫りにも注目 2 お茶屋情緒が感じられる外観 3 大切に保管されている三味線

お茶屋美術館もぜひ

こちらもお茶屋の建物をそのまま公開。2階に紅殻と群青の鮮やかな座敷があり1階には芸妓さんの豪華な髪飾りなどを展示。金沢市指定文化財。

☎076-252-0887 MAP P137E3

カウンター席でゆったりと

にわ
庭

小さいながらも意匠が凝らされた、典型的なお茶屋の庭。2階からも眺めることができる。

生菓子付き700円、
お干菓子付き500円

四季折々の草花が彩りを添える

みせのま
みせの間

化粧や準備の間として使われていた部屋。現在は、櫛やかんざしをはじめ、往時の道具類を展示している。

芸妓さんが実際に使った髪飾り

ちゃしつ
茶室

奥の別棟「寒村庵」は和風のモダンなお茶室。庭を眺めながらお抹茶と和菓子がいただける。

だいどころ
台所

井戸や石室が創建当時のままに残る。棚にはたくさんの道具が並び、賑わいを偲ばせる。

お茶屋では、料理は作らずに取り寄せとなる

1階

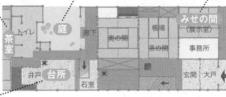

ひかえのま
ひかえの間

座敷に座ったお客の正面に襖を挟んで位置するひかえの間は、芸妓たちのステージ。

2階

襖が開くとあでやかな舞などの遊芸が披露される

かわいいモチーフを発見！

ひょうたんの図案が愛らしい欄干

照明にも凝った細工が。灯りがキレイ

おみやげにいかが？

粋なポチ袋6枚入り500円は、受付で販売

まえざしき
前座敷

鮮やかな紅殻の壁と琵琶床が特徴。客は床の間を背にして座り、宴を楽しむ。2階の方が階高が高くなっている、お茶屋特有の造りだ。

床の間の雅なしつらえにも注目

📖 季節の風情を大切にするお茶屋。志摩では、夏には襖や障子戸を簀戸に変え、涼しさを演出します。

茶屋街の風情を感じる
フォトジェニックスポット

ひがし茶屋街には、古い建物や風景に調和したステキな看板など、撮影ポイントがたくさん。
メインストリートはもちろん、小さな通りもカメラを持ってお散歩しましょう。

茶屋街の入口 ❶

メインストリートの入口、柳
の木あたりから茶屋街を
望むカットは、定番の一枚。

ベストカットは
ここで撮影しましょう

夕暮れもおすすめ
ぼんぼりに明かり
が灯るとあでやか
な表情に。

久連波から ❸

2階のカフェは窓が大き
く、茶屋街を上から撮る
のにぴったり。茶屋街の
入口方面をパチリ。

寶泉寺から ❹

茶屋街を見下ろす高台か
ら金沢市内を一望できる。
茶屋街を撮る場合は、望
遠レンズが必要。

金沢ひがし茶屋街懐華樓から ❷

1階のカフェからは、外の通りが見える。

徳田秋聲記念館へ
行ってみましょう

金沢三文豪の一人、徳田秋聲。ひがし茶屋街にほど近い、浅野川に架かる梅ノ橋たもとには記念館があり、秋聲文学を表現した和紙人形シアターがみもの。
☎076-251-4300 MAP P137E2

軒先にも風情あるあしらい A

店名がさりげなくゆらゆら C

おしゃれな看板にも注目 D

明治初期に建てられた町家 F

かわいい風景、
見つけました！

郷愁を感じる路地の風景 B

歴史を感じる
経田屋米穀店 E

髙木糀商店
(MAP/P137E1)へ

お茶屋美術館(旧中や)

ひがし茶屋街

圓長寺
茶屋街
の入口 1
国指定重要文化財
志摩

金沢ひがし茶屋街 2
懐華樓

A C
B 3 ・茶房素心
久連波

真っ赤なポストが
かわいい G

橋場町へ
レストラン自由軒

ひがし茶屋休憩館

G
ポスト

D
・茶房＆Bar
ゴーシュ

西源寺

E
経田屋米穀店

N
0   20m

4 寶泉寺

📷 こちらの素敵な建物にも注目

かなざわひがしちゃやがい かいかろう
金沢ひがし茶屋街
懐華樓

江戸時代に建てられた金沢で一番大きい茶屋建築。現在、夜はお座敷だが、日中は一般公開している。黄金くずきり1900円が名物の、カフェを併設。
☎076-253-0591 住金沢市東山1-14-8 ¥750円 ⏰10〜17時 休不定休 交バス停橋場町から徒歩4分 Pなし
MAP上図 2、P137E4

しっとりした雰囲気が漂う

たかぎこうじしょうてん
髙木糀商店

江戸時代創業の老舗で、建物は金沢市の保存建造物に指定されている。花街みそ864円、甘酒810円など、昔ながらの手作りの糀や味噌がおいしいと評判だ。
☎076-252-7461 住金沢市東山1-9-3 ⏰9〜19時 休無休 交バス停橋場町から徒歩4分 Pなし MAP上図左上、P137E1

▲縄のれんの向こうに笑顔が
▶3年みそ1080円、塩糀540円

📖 茶屋街の入口に立つ柳の木。昔は通りにずらりと植えられ、行き交う人々の顔を隠す役割があったそうです。

町家をリノベした食事処で
おすましごはん

ひがし茶屋街では、昔ながらの町家をリノベーションした食事処が人気。
ロケーションはもちろん、味も一流。ちょっとおしゃれして訪ねたいお店です。

歴史ある
元お茶屋を改装

じゅうがつや
十月亭

粋な空間で楽しむ
日本料理の名店の味

金沢の人気日本料理店、銭屋（**MAP** P138A3）がプロデュース。元お茶屋の店内に入ると、畳敷きの広間をくりぬくように作られたカウンター席が印象的。目の前に広がる坪庭の美景とともに、食事を楽しんで。

☎076-253-3321 健金沢市東山1-26-16 ◷11時30分〜16時（15時30分LO）休月〜木曜 交バス停橋場町から徒歩5分 Ｐなし **MAP** P137F4

足落としのカウンター席でゆったり

古い民家を
リノベーション

びべっと
ビベット

地元産食材を中心に
手作りにこだわる

ひがし茶屋街にある、格子戸の風情ある外観のビストロ。ランチは黒板に書かれたオードブル5種、鶏や豚肉のメイン7種、デザート3種、ドリンク3種からそれぞれ選べ、それにパンが付く。夜は豊富に揃うワインとアラカルトを。

☎076-252-3435 健金沢市観音町1-3-12 ◷11時30分〜14時、18時〜22時30分LO 休火曜 交バス停橋場町から徒歩3分 Ｐなし **MAP** P137E2

カウンター5席とテーブル12席のシンプルな店内

金箔カレー（昼のみ）
1650円
じっくりとやわらかく煮込んだ「金沢おでん」。その牛すじ肉がたっぷり入ったカレー。

ビベットランチ
1800円
写真は、自家製ベーコンが入ったキッシュ、能登産豚肉の煮込み、洋梨のタルト、コーヒー。

レストラン自由軒でオムライスをどうぞ

ひがし茶屋街では珍しい洋館が目を引く老舗洋食店。醤油ベースのオムライス830円や、小さめオムライスとクリームコロッケのプレートセット1120円が人気。
☎076-252-1996 MAP P137E4

築約80年の風格ある町家

ひがしやまみずほ
東山みずほ

**土鍋で炊くご飯が評判
こだわり食材のランチ**

お米や食材、調味料まで、石川県産の素材にこだわった和食処。奥能登珠洲焼の土鍋で炊いた、ご飯の香ばしいおコゲもうれしい。名物の、能登鶏の卵かけご飯は、大野醤油との相性もぴったり。ランチはデザート・ドリンク付き。

☎076-251-7666 住金沢市東山1-26-7 営11時30分〜14時（土・日曜、祝日は11〜15時）休不定休 交バス停橋場町から徒歩5分 Pなし MAP P137F3

古民家を改装した和モダンな空間に炊きたての香り

築110年ほどの古民家を利用

くりゑンテかわばた
くりゑンテkawabata

**1日3組限定の予約制
金沢フレンチ会席を味わう**

ひがし茶屋街の奥まった場所にあり、静かで隠れ家のようなフレンチレストラン。古い町家を改装したモダンな店内で、予約客のためだけに季節の素材を用意し、客に合わせて調理する。ディナーは1万8960円〜。

☎076-251-0403 住金沢市観音町3-2-2 営12時〜13時30分LO、18〜20時LO 休不定休 交バス停橋場町から徒歩6分 P3台 MAP P137E2

あでやかな朱塗りの壁と畳の個室

**のどぐろ定食
2700円**
奥能登産の土鍋ご飯と、とろけるほどやわらかいのどぐろの一夜干しが楽しめる。

**ランチ
1万1760円〜**
写真はランチの一例で、季節の前菜盛合せ、鮃のムース包みなど。

📖 ひがし茶屋街のお店は、街の美観を損ねないように、どこも看板が小さくてやりげないんです。看板にも注目してみましょう。

ほっこり和カフェで くつろぎのひとときを

丁寧に淹れられたお茶やコーヒーとともに、上品な和菓子や手作りデザートでブレイク。
小粋な和カフェは旅のちょっとしたひと休みを素敵に演出してくれます。

老舗茶舗が開いた甘味処は ホッとできる癒やしの空間

あんみつ風和パフェ
1000円
抹茶ジェラートや水わらび餅、きな粉豆、和栗などが入り、ドライイチゴがポイント。

にほんちゃかふぇ わびさび
日本茶カフェ 和美茶美

日本茶専門の天野茶店の奥にある喫茶スペース。加賀棒茶や抹茶、玉露などのほか、ほうじ茶ロールケーキ500円や濃厚抹茶モンブラン600円など、お茶に合うスイーツも充実している。

☎076-252-3489 ⓘ金沢市東山1-3-35 ⓘ11時〜16時30分LO（ショップは9〜18時）ⓘ第2水曜 ⓘバス停橋場町から徒歩4分 ⓟ2台 MAP P137E1

200年以上前の建築。店内はカウンターのみ

そよぐ柳を眺めながら 麗しのスイーツで癒やされる

抹茶づくし
1600円
上林金沢茶店の上質な抹茶をふんだんに使った抹茶づくしのパフェ。

かなざわしつらえ
金澤しつらえ

元お茶屋を利用したギャラリー。2階の「茶房 やなぎ庵」では、茶屋街のシンボリックな柳の木を垣間見ながら、特製の甘味を味わえる。抹茶と上生菓子のセット「結び柳」1000円もぜひ。

☎076-251-8899 ⓘ金沢市東1-13-24 ⓘ10〜18時 ⓘ木曜（祝日の場合は営業）ⓘバス停橋場町から徒歩3分 ⓟなし MAP P137E4

築200年以上。2階の1室を「茶房 やなぎ庵」に

お茶屋空間で味わう 名店の上生菓子と抹茶

上生菓子と抹茶セット
800円
店頭販売をしていない吉はしのお菓子が楽しめるとあって、人気が高い。

くれは
久連波

加賀友禅の老舗が経営するカフェ＆ギャラリー。お茶席の風情が楽しめる2階席は、ロケーション抜群。お茶席専門の和菓子店、吉はしの上生菓子は数量限定なので、お早めに。

☎076-253-9080 ⓘ金沢市東山1-24-3 ⓘ10〜18時 ⓘ水曜（祝日の場合は営業）ⓘバス停橋場町から徒歩5分 ⓟなし MAP P137F4

1階では加賀友禅の小物などを販売

茶屋街から徒歩5分の
ギャラリー & カフェ 椋

大通りに面した築120年の町家を改装したギャラリー＆カフェ。広い土間や太い梁などに風格が感じられ、友人の家を訪ねたようにくつろげる。手作りのケーキセットは880円。
☎076-255-6106 **MAP**P137E1

♪ ノスタルジックな隠れ家カフェ＆バー

自家製チーズケーキ 500円
サイフォン珈琲 800円
チーズケーキは濃厚でコクがある。コーヒーはおかわりポット付き。

さぼうあんどばー ごーしゅ
茶房&Bar ゴーシュ

小路にたたずむ隠れ家的カフェで、夜はバーの顔をもつ。築150年を超える町家は、店名のとおり、宮沢賢治の小説の世界のような郷愁が漂う。

☎076-251-7566 **住**金沢市東山1-16-5 **¥**19時〜のバータイムはチャージ700円 **営**11時〜翌1時（日曜は〜24時）**休**火曜 **交**バス停橋場町から徒歩4分 **P**なし **MAP**P137E4

絵本作家スズキコージによる看板が印象的

♪ 江戸の風情を残す町家で老舗の和菓子や甘味を

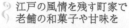

お抹茶・上生菓子セット
950円
金沢を代表する老舗・森八の上生菓子は上品でやさしい甘さにうっとり。

もりはちひがしさんばんちょうてん
森八ひがし三番丁店

藩政時代から続く和菓子の老舗、森八が文政年間（1818〜30）の建物を利用し往時の菓子司を再現。落ち着いた雰囲気のカフェの利用や森八の伝統の和菓子が購入できる。

☎076-253-0887 **住**金沢市東山1-13-9 **営**10〜17時 **休**不定休 **交**バス停橋場町から徒歩5分 **P**なし **MAP**P137E3

奥の席からは坪庭を眺めることができる

♪ 小豆とスイーツの絶妙な組み合わせ

ロールケーキ 385円
コーヒー 440円
ふんわり生地と生クリームを使用し、能登大納言小豆をトッピング。

なかたやひがしやまちゃやがいてん
中田屋東山茶屋街店

銘菓「きんつば」で知られる中田屋直営店。粒をこわさないようふっくらと炊き上げる能登大納言小豆が名物。その餡を使った和スイーツを堪能。

☎076-254-1200 **住**金沢市東山1-5-9 **営**9〜17時（カフェは〜16時）**休**無休 **交**バス停橋場町から徒歩2分 **P**なし **MAP**P137E2

中田屋東山茶屋街店2階に併設されたカフェ

📖 古い建物を利用した茶屋街のカフェは、どこも座席数は多くありません。開店直後や夕方が狙い目です。

49

金沢に来たら一度は食べたい 心トキメク映えスイーツ

甘いもの好きが多い金沢では、いたるところにスイーツ店が。
ひがし茶屋街の街並みとかわいいおやつで、素敵な写真を撮ってみて。

フルーツパフェ 1914 1200円 **1**
大正3年（1914）に創業したフルーツむらはたの伝統のスタイルでお届け

白練（しろねり） 1680円 **6**
盛り付けも愛らしいイチゴのショートケーキ

フルーツ大福と抹茶のセット 1300円 **2**
果物は季節によって変わる。大福はテイクアウトもOK

金沢Gold Ice Bar 各700円 **3**
あずき、抹茶、ミルク、マンゴーの4つの味から選べるアイスキャンディー ※価格改定の可能性あり

かなざわぱふぇむらはた ひがしちゃやがいてん
金澤パフェむらはた ひがし茶屋街店 **1**

旬のフルーツを満喫

老舗果物青果店が手がけるフルーツパーラー。「旬」の厳選フルーツを和の癒やし処で味わえる。

☎なし 住金沢市東山3-2-18 ⏰10時～17時30分LO 休不定休 交バス停橋場町（ひがし・主計町茶屋街）から徒歩4分 Pなし MAPP137D1

かほ かず なかしま
菓舗 Kazu Nakashima **2**

みずみずしいフルーツをまるごと大福に

創業約140年の老舗「和菓子の中島」の4代目中島一氏が作り上げる、独創的な和菓子が人気。名物は大福の中に季節のフルーツをまるごと包み込んだフルーツ大福や上生菓子。日本酒や梅酒も揃えている。

☎076-252-5280 住金沢市東山1-7-6 ⏰10～18時 休木曜 交バス停橋場町（ひがし・主計町茶屋街）から徒歩3分 Pなし MAPP137E4

きんぱくやさくだほんてん
金箔屋さくだ本店 **3**

黄金のアイスキャンディーを

大正8年（1919）創業の金箔メーカー。金沢Gold Ice Barは、白山市にある有名店・田中屋のアイスバーに金箔を1枚貼り付け。金箔工芸のショップのほか、金箔貼り体験や工房見学も可能。

☎076-251-6777 住金沢市東山1-3-27 ⏰9～18時（冬期は変動あり）休無休 交バス停橋場町（ひがし・主計町茶屋街）から徒歩5分 P6台 MAPP137E1

金沢を代表
する名店が
大集合

味の十字屋 東山本店は、北陸伝統の和洋菓子や工芸品などの人気店や、カフェ10店が入る複合ショップ。ホタルイカやのどぐろなどの海産物みやげ、笹寿しも手に入る。
☎076-225-8099 MAP P137D1

金箔チョコレート 5
ワッフル 448円
チョコレートに散りばめられた金箔は目にも楽しく、おみやげにもピッタリ。

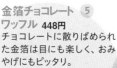

銀朱（ぎんしゅ） 1410円 6
甘酸っぱい苺スパークリングエスプーマと自家製練乳、繊細な氷が口の中で溶け合う

フルーツ大福 2
ミカン1080円
ゴールドキウイ 1296円
イチゴ 540円

ポコの実 4
990円
ホワイトチョコとラズベリーソースでコーティングしたムースケーキ。中にはリンゴのコンポートが

じゃくそうあん
雀草庵 4

畳敷きの店内はくつろげる雰囲気

築100年以上の町家を改装した隠れ家的なカフェバー。店長とスタッフのパティシエがアイデアを出し合う独創的なスイーツが評判。夜は和風バーになる。
☎076-213-8908 住金沢市東山1-12-7 営12〜17時LO、19時〜23時30分LO 休火曜 交バス停橋場町から徒歩4分 P周辺有料コインパーキング利用 MAP P137E1

かなざわちゃか かがのきつね
金沢茶菓 加賀のきつね 5

SNSで話題のワッフル

リエージュワッフル専門店。焼きたてを急速冷凍することで実現したモチモチ食感。全8種あり、つぶ餡やサツマイモがおすすめ。5種詰め合わせの「加賀きつねセット」1970円も人気。
☎076-208-5338 住金沢市東山1-15-6 営10時30分〜16時LO(販売は〜17時) 休不定休 交バス停橋場町から徒歩3分 Pなし MAP P137E4

いちごがしりつか
苺菓子りつか 6

雅な空間でイチゴのスイーツを

2021年12月オープンした「和栗 白露」の姉妹店。見た目も美しいパフェやショートケーキ、かき氷など、石川県産の上質なイチゴをふんだんに使ったデザートを提供する。季節限定メニューにも注目を。
☎なし 住金沢市東山1-23-10 営11〜17時(16時30分LO※売り切れ次第終了) 休不定休 交バス停橋場町から徒歩5分 Pなし MAP P137F4

甘いものへの感度が高い金沢では、老舗の和菓子店やスイーツ店が作る映えスイーツが好評です。

茶屋街で見つけました
乙女かわいい和雑貨図鑑

ひがし茶屋街には乙女心をくすぐるかわいい和小物のお店がいっぱいです。
茶屋街の散策と合わせて、おみやげショッピングも楽しみましょう。

金沢らしい金の招き猫
福ねこ
1体3300円 ①

金沢で愛されてきた縁起物、加賀
八幡起上りと招き猫のミックス。キ
ュートな姿で福を招いてくれそう！

バッグにそっとしのばせて
箔香袋
各660円

麻布で作った香袋。金箔の絵柄を
あしらっており、松、招き猫、鶴亀の
3種。中には華やかな香りが。

もなかがコロンと入っている
巾着入り加賀手まり
990円 ②

絵柄が選べる巾着に、クルミの佃煮
のもなかが4個入っている。1つで2
度楽しいおみやげ。

持ち歩くのが楽しくなりそう
めがねポシェット
各1320円 ②

手ぬぐい生地のめがねケースは便
利な紐付き。10種類以上の柄があ
り、男女問わず喜ばれそう。

九谷焼のユニーク獅子
お獅子どん箸置
各1650円 ③

夫婦のユニット「工房あめつち」と
のコラボで誕生したオリジナル。思
わず笑えるかわいさが好評。

金沢ゆかりのモチーフが素敵
オリジナルがまぐち **1650円 ④**
オリジナル手ぬぐい **990円〜 ④**

水引や加賀野菜など、地元にちなん
だ絵柄。バラ売りなのでコーディ
ネートしてどうぞ。

はくざ きんのえんぎや
箔座 金の縁起屋 ①

金箔の縁起よさを楽しむことを
テーマにした、遊び心あるお店。
☎076-253-8881 ⏰10〜18時
(12〜2月は〜17時30分)休不定
休 交バス停橋場町から徒歩4分
Pなし MAP P137E4

くるみや
くるみや ②

約1000種の手ぬぐいと、オリジ
ナル小物が充実している。
☎076-251-8151 ⏰10〜18時
休火曜(祝日の場合は営業) 交バ
ス停橋場町から徒歩4分 Pなし
MAP P137E4

ひがしやま やのねがわ
東山 矢の根川 ③

主に日本のアンティークを扱う
ギャラリー＆ショップ＆カフェ。
休なし ⏰11〜15時 休月〜金曜、
臨時休業あり 交バス停橋場町から
徒歩6分 Pなし MAP P137F4

きょうか
今日香 ④

金沢がテーマの和雑貨が揃う。
☎076-252-2830 ⏰11時〜夕
暮れ 休火・水曜(祝日の場合は営
業)、不定休あり 交バス停橋場町
から徒歩4分 Pなし
MAP P137F4

銭湯をリノベした
はくいちひがしやまてん
箔一東山店

銭湯「東湯」の風情を残した外観に、店内は、ひがし茶屋街の伝統をイメージした、紅殻色や格子を使った箔工芸ショップ。話題の金箔かがやきソフトクリーム891円も食べられる。
☎076-253-0891 MAP P137E4

ひがし茶屋街 ● 乙女かわいい和雑貨図鑑

食卓を楽しく演出してくれる
手捻り一口湯呑
各3080円 **5**

九谷焼作家浅蔵一華さんの作品。豊かな色彩と幾何学模様のモダンなデザインが人気。

上品で大人女子にぴったり
押し絵ポーチ
6490円 **6**

表面に落ち着いた色合いの加賀友禅を使用。梅のモチーフがアクセントになって、品のよさが感じられる。

食卓が楽しくなる豆皿
ねこ型皿
各1760円 **6**

九谷焼作家の伊藤雅子さん作。女性らしい目線で繊細な猫の表情をとらえたキュートな小皿。

カラフルでキュート
花珠かんざし
各3960円 **7**

縁煌オリジナルのとんぼ玉かんざし。赤や黄などの地色に小さな花柄が浮かび上がりかわいさ満開。

バッグの中をおしゃれに仕分け
グログランベルクロポーチ
各7150円 **8**

純金とプラチナを合金・製箔した、箔座オリジナル純金プラチナ箔を大胆に使用。ゴージャス！

自在にアレンジができるアイテム
メタルチェーンラリエット
1万3750円 **8**

留め金がなく、ロングにしたり、2連にしたりと自由に使用でき、服装や好みに合わせて楽しめる。

たまくしげ
玉匣 5

若手作家が手がけるさまざまなジャンルの工芸品が揃う。
☎076-225-7455 ⏰10〜17時 休火曜（祝日の場合は営業）交バス停橋場町から徒歩4分 Pなし
MAP P137E4

かなざわ びかざり あさの
かなざわ
美かざり あさの 6

かわいい伝統工芸品が集まる。
☎076-251-8911 ⏰9〜18時 休火曜（祝日の場合は営業）交バス停橋場町から徒歩4分 Pなし
MAP P137E3

えにしら
縁煌 7

モダンな感性が光る伝統工芸品を集めたセレクトショップ。
☎076-225-8241 ⏰10〜17時 休不定休 交バス停橋場町から徒歩4分 Pなし MAP P137E3

はくざひかりぐら
箔座ひかり藏 8

純金プラチナ箔を使用した器などオリジナルの品が揃う。
☎076-251-8930 ⏰9時30分〜18時（冬期は〜17時30分）休無休 交バス停橋場町から徒歩4分 Pなし MAP P137E4

📖 日本で生産される金箔のほとんどは金沢産。だから金沢には金箔を使ったおみやげが多いんです。

茶屋街にまつわる 素朴な疑問あれこれ

風情ある街並みが人気の、ひがし、主計町、にしの3つの茶屋街。
その歴史や現在を知れば、もっと茶屋街巡りが楽しめますよ。

Q いつごろ茶屋街はできたの？

A 今に残る金沢の茶屋街は、文政3年（1820）に金沢の中心部に点在していたお屋を集めたのが始まり。現在も、茶屋街の成立当時の建物がいくつも残っている。2階建てが許されなかった藩政期にも茶屋街は例外で、優雅な2階建ての建物が通りに並び、大いに賑わったという。ひがし茶屋街とにし茶屋街はこの文政年間（1818〜30）に形成されたもので、主計町茶屋街は少し年代が下がった明治2年（1869）に成立したと伝わる。

ひがし茶屋街
金沢で一番格式の高い茶屋街（☞P40）

主計町茶屋街
浅野川の河畔に明治初期に成立（☞P56）

にし茶屋街
芸妓が最も多く庶民的な雰囲気（☞P80）

Q 芸妓さんてどんな人たち？

A 金沢の三茶屋街には、現在も約40名の芸妓さんが在籍している。この道何十年のベテランから、20代の若い芸妓さんまで多彩な顔ぶれで、最近は大学卒や社会人を経験したのちに、この世界に飛び込む人もいる。初座敷に出るためには約1年を要し、見習い期間中はもちろん、お座敷に出てからも、日夜唄や踊りなどの修業に励む。憧れのお茶屋遊び、残念ながら「一見さんお断り」がほとんどで、紹介者がいないと体験は難しい。

私の1日をご紹介しますね。

唐子さん（ひがし・中むら）
金沢出身。芸妓になって10年目。大学時代から横笛を習っていて興味をもったのがきっかけ。

10:00 笛のお稽古

日中はお稽古。先生のご自宅へ伺うのが一般的です。

16:00 身支度

美容院で髪をセットした後、お茶屋で着替えます。

17:30 出発

お茶屋のほか、料理屋さんへ呼ばれることも多いです。

18:00 お座敷

季節やお客様の要望により、踊りを2曲ぐらい、太鼓や笛などを披露します。

Q お茶屋文化を体験してみるには？

A 本物のお座敷遊びは観光客には敷居が高いが、興味のある人には、お座敷遊びの雰囲気が気軽に楽しめるスポットやイベントがおすすめ。予約が必要なものが多いが、普通はなかなかできない貴重な体験は旅のいい思い出になるはず。着物姿で茶屋街を歩いたり、自分で三味線を演奏したりと、より深くお茶屋の雰囲気を体感できること請け合いだ。

芸妓さんが使うお座敷太鼓

三味線も欠かせない

お座敷体験

雀 すずめ ここで体験

ひがし茶屋街で育った、ふみさんがお座敷おどりを通して茶屋文化を披露している。貸切のお座敷で「お酒をひとつ」と注いでもらいながら、ふみさんとの会話も非日常なひとときで楽しい。

○期間　通年
○料金　6500円〜（お近づきのお酒付）、2名以上で申込みを
○予約　3日前までに要予約
☎076-251-4863　🏠金沢市東山1-15-7　🕐13〜22時ごろ（完全貸切制）　🈺不定休　🚌バス停橋場町から徒歩3分　🅿なし
MAP P137E4

女おどり
男おどり
季節ごとのおもてなしをご用意

お酒と金沢らしい一品が供される

着物で散策

久連波 くれは ここで体験

ひがし茶屋街の久連波では、加賀友禅の着用体験ができ、街並みの散策が楽しめる。小物もすべて借りられるので、旅の思い出づくりに、気軽にチャレンジしてみて。

○期間　通年（7〜8月は店内のみ）
○料金　1時間5500円〜
○予約　要予約
アクセスなどのDATAはP48 参照

老舗呉服店ゑり虎の経営で、美しい着物を用意

情緒豊かな通りに着物姿が合う

三味線のお稽古

福嶋三絃店 ふくしまさんげんてん ここで体験

三味線を製造販売する、北陸で唯一の専門店で、三味線弾き体験ができる。わかりやすい解説が添えられており、初めてでも、30分ほどで『さくらさくら』が弾けるようになる。

○期間　通年
○料金　体験500円（お茶付）
○予約　予約不要
☎076-252-3703　🏠金沢市東山1-1-8　🕐13〜16時　🈺日曜、祝日、第2・4土曜　🚌バス停橋場町からすぐ　🅿なし
MAP P137E2

バチで弾いてみれば、気分は芸妓さん

『さくらさくら』の楽譜が用意されている

お座敷体験イベント

金沢市観光協会 かなざわしかんこうきょうかい ここで予約

金沢市観光協会が開催している「金沢芸妓のほんものの芸にふれる旅」は、お茶屋で踊りやお座敷太鼓などのお座敷体験が楽しめる人気のイベント。三茶屋街を会場に開催している。

○期間　5月〜翌3月の不定期土曜
○料金　体験5000円（お茶とお茶菓子付）
○予約　電話またはHPから要予約（定員に達し次第、締め切り）
☎076-232-5555（電話受付は平日9時〜17時30分）
●https://www.kanazawa-kankoukyoukai.or.jp/

お座敷遊びが体験できる貴重な機会

芸の美しさにうっとり

茶屋街の店の
軒灯も粋です

浅野川大橋から中の橋まで、浅野川左岸沿いに約200mにわたって広がる主計町は、明治に入ってから形成された茶屋街。美しい街並みは、国の重要伝統的建造物群保存地区に選定されている。昼間の散策もいいが、明かりが灯り始める夕暮れどきが、風情があっておすすめ。

くらがりざか
暗がり坂

久保市乙剣宮の裏から茶屋街へと続く坂。かつて旦那衆がこの坂を通り、茶屋へ通ったという。名の由来は昼でも暗かったことから。

🅈無料 🅗見学自由 🚌バス停橋場町から徒歩1分 🅟なし
MAP P57中央

かずえまちりょうていくみあいじむしょ
主計町料亭組合
事務所

暗がり坂を下ったところにある風情のある建物。「検番」とよばれる主計町の芸妓衆の稽古場で、三味線の音色が聴こえることも。

🅈無料 🅗外観見学自由 🚌バス停橋場町から徒歩1分 🅟なし
MAP P57中央

あかりざか
あかり坂

暗がり坂に並行している坂。長らく名前がなかったが、金沢ゆかりの作家、五木寛之氏が住民の依頼で命名した。

🅈無料 🅗見学自由 🚌バス停橋場町から徒歩1分 🅟なし
MAP P57中央

和の風情たっぷりの
表通りです

やはり夜は一段と
風情があります

ひがし茶屋街から
橋の向こうへ

あさのがわおおはし
浅野川大橋

たおやかな流れから、女川とも称される浅野川に架かる橋。川沿いには「鏡花のみち」が

浅野川の水景とあでやかな街並み

主計町茶屋街
かずえまちちゃやがい

主計町は明治の初めに成立した茶屋街で、金沢三茶屋街の一つ。浅野川沿いに茶屋が立ち並び、一筋裏手は人ひとりがやっと通れるくらいの狭い路地。ノスタルジックな界隈です。

access

●ひがし茶屋街から
徒歩5分
●金沢駅兼六園口（東口）から
起点のバス停橋場町への
行き方はP40参照

問合せ
☎076-232-5555
金沢市観光協会
広域MAP P137D2

～散策途中のおすすめスポット～

昭和モダニズムの建物にも注目
かなざわぶんげいかん
金沢文芸館

金沢ゆかりの文学作品を閲覧できる。2階は「金沢五木寛之文庫」で、五木氏の著作品、直筆原稿や愛用品を展示。レトロな建物も素敵。
☎076-263-2444 ¥100円 🕐10〜18時（入館は〜17時30分）休火曜（祝日の場合は翌平日）交バス停橋場町から徒歩1分 Pなし

泉鏡花の遊び場だったという神社
くぼいちおとるぎぐう
久保市乙剣宮

泉鏡花の生家のすぐそばにある神社。境内には「うつくしや鶯あけの明星に」という鏡花の句碑が立つ。社殿の裏にまわると、主計町へ続く暗がり坂がある。
☎076-221-2894 ¥🕐休拝観自由 交バス停橋場町から徒歩2分 Pなし

泉鏡花の幻想的な作品世界へ
いずみきょうかきねんかん
泉鏡花記念館

泉鏡花の著作物や愛用品を展示。作品の一場面を再現するジオラマや、美しい初版本の紹介コーナーに注目。
☎076-222-1025 ¥310円 🕐9時30分〜17時（入館は〜16時30分）休火曜（祝日の場合は翌平日）、展示替え期間 交バス停橋場町から徒歩2分 P4台

世界的デザイナーの作品にふれる
やなぎそうりきねんでざいんけんきゅうじょ
柳宗理記念デザイン研究所

日本のプロダクトデザインの第一人者として活躍した柳宗理氏のデザイン製品約200点や、デザイン関係の資料を展示。
☎076-201-8003 ¥入館無料 🕐9時30分〜17時 休月曜（祝日の場合は開館）交バス停橋場町から徒歩1分 P7台

お茶屋風情に浸りつつひと休み
つちや
土家

大正2年（1913）築のお茶屋を修復した喫茶で、金沢市の指定文化財になっている。土家スペシャルコーヒー500円、ぜんざい700円など（ともに和菓子付き）。
☎080-3748-4702 🕐10〜16時 休月〜水曜 交バス停橋場町から徒歩2分 Pなし

彩り華やかなランチを
いちりん
いち凛

地元食材を生かした彩り豊かな料理。花かごランチ2200円、いち凛弁当3300円など。
☎076-208-3703 🕐11時30分〜13時30分LO（土・日曜、祝日は11時〜12時30分、13時〜14時30分の2部制）、17時〜22時30分LO 休月・火曜のランチ 交バス停橋場町から徒歩2分 Pなし

・・・・・・・ ココにも行ってみましょう ・・・・・・・

てらしまくらんどてい
寺島蔵人邸

端正な武家屋敷。ドウダンツツジの名所で、春の花どき、秋の紅葉がみもの。
☎076-224-2789
MAP P137D3

おおひびじゅつかん
大樋美術館

大樋焼は加賀藩の御用窯。初代〜十一代大樋長左衛門（年雄）までの作品を展示。
☎076-221-2397
MAP P137D3

きぐらや
木倉や

天正7年（1579）創業の袋物店。鱗文様の、遊禅ベアストラップ880円が人気。
☎076-231-5377
MAP P136C2

 金沢文芸館のある橋場町交差点周辺は、かつて金沢一の繁華街でした。裕福な旦那衆が茶屋街を支えていたのです。

近江町市場

access

●金沢駅兼六園口（東口）から
【北鉄バス】橋場町または香林坊方面
行きで5分、武蔵ヶ辻・近江町市場下
車すぐ
【西日本JRバス】橋場町方面行きで5
分、武蔵ヶ辻・近江町市場下車すぐ
【城下まち金沢周遊バス】武蔵ヶ辻・近
江町市場まで左回りで5分、下車すぐ

問合せ
☎076-231-1462
（近江町市場商店街振興組合）
住金沢市上近江町50 休店舗により
異なる P近江町ふれあい館利用225台
（有料）、近江町いちば館利用94台（有
料）、近江町パーキング利用228台（有
料）MAP P136A・B2

金沢っ子の台所を
探検してみましょう

近江町市場
おうみちょういちば

生鮮食料品から雑貨まで約170店舗が軒を連ねる
市民の台所。金沢っ子は「おみちょ」とよびます。
名物グルメやおみやげ探しが楽しい場内を、さっ
そく歩いてみましょう。

探検を楽しむポイント

お店の人にいろいろ聞こう
よく知らない魚や野菜のことは、
お店の人に聞こう。料理や食べ方
を気さくに教えてくれる。

鮮魚の買い物のコツ
鮮魚は各店をひとまわりして値段
を見ること。夕方近くになると種類
は少なくなるが値下げが始まる。

宅配便を利用しよう
複数の店で買い物した際は、鮮
魚通り口の、ヤマト運輸近江町宅
急便センターを利用するといい。

おやつフードを探して

市場探検スタート

おうみちょうころっけ
近江町コロッケ

揚げたてホクホクをパクリ

地元っ子イチオシのコロッケで種類豊富。中はホクホク、外はさっくりの近江町おやつの定番。
☎076-232-0341
⏰9時〜なくなり次第終了 休不定休
MAP P58⑦

甘えびコロッケ1個330円

おうみちょうしゅんさいやき
近江町旬彩焼

海の幸をその場で豪快に

新鮮な魚介がその場で食べられる大松水産の焼き物コーナー。夏限定の能登岩ガキも人気。
☎076-232-2758
⏰9〜15時 休火・水曜（祝日の場合は営業）
MAP P58⑬

ホタテバター焼1個500円〜

すぎもとすいさん
杉本水産

愛され続ける庶民の味

金沢の夏の風物詩・ドジョウやウナギの蒲焼を販売。秘伝のタレで仕上げた味は絶品。
☎076-261-3300 ⏰9時30分〜売り切れ次第終了 休日曜、祝日 MAP P58⑧

どじょうの蒲焼
1串120円〜

ふたろくしばた
二六 芝田

豆乳専門店ならではのメニュー

搾りたての豆乳を使用したスムージーやヨーグルトなどのドリンクのほか、豆腐や揚げの手作り惣菜も人気。
☎076-224-1028 ⏰9〜16時 休水曜、ほか不定休（日曜、祝日） MAP P58②

豆乳スムージー（イチゴ）500円

 近江町市場でのお買い物は午前中がおすすめ。15時を過ぎると、商品がなくなり、店閉まいするお店も。

市場のお昼ごはんは
デコデコ海鮮丼でキマリです

新鮮な魚介がたっぷりのった海鮮丼は市場のお昼ごはんのマストアイテム。
金箔があしらわれた華やかな丼からボリューム自慢の丼まで、お腹いっぱい召し上がれ！

じものてい
じもの亭

ど〜んとあふれる
新鮮地物ネタに大満足

店名のとおり、地物ネタを中心にした多彩なメニューが味わえる。海鮮丼のほか、刺身や一品料理、珍味なども豊富に揃う。13種の素材から3種の小丼を選ぶ、平日限定の海の恵丼1650円も人気メニュー。

☎076-223-2201 🕐11〜15時(日曜、祝日9時〜)、ネタがなくなり次第閉店
🈳水曜 MAP P58⑫

海鮮丼・華 ※金箔のせは
2550円 ＋330円
甘エビやブリなど11種の地物ネタを豪快に盛り付け。金箔の彩りも素敵。

入口の大きな提灯が目印

かいせんどんのみせ こてつ
海鮮丼の店 こてつ

本格割烹の技が冴える
繊細で彩り豊かな一品

気さくな主人と奥さんが営む、カウンターだけの小さな店。割烹で30年間腕をふるった主人の丁寧な仕事が、極上の海鮮丼を作り出す。温かいご飯や自家製割り出し醤油を使ってネタ本来の味を生かすのが、こてつ流。

☎076-264-0778 🕐11〜15時(ネタがなくなり次第閉店)🈳水曜、不定休 MAP P58⑨

海鮮丼
2500円
旬の魚がいっぱい入った海鮮丼。

カウンター9席のこぢんまりとした店

食後は自家焙煎コーヒーで一服

市場で働く人たちに人気の東出珈琲店。丁寧に欠点豆を取り除き毎日焙煎するコーヒーはブレンド3種、ストレート17種で460円〜。

☎076-232-3399 MAP P58⑯

いきいき亭 近江町店

いきいきてい おうみちょうてん

朝どれ新鮮魚介が満載 大満足のボリューム丼

海鮮丼は別皿にネタを盛り、刺身としても味わえる。酢めしは無料で大盛りOK。軽めに食べたい人には、ミニ金沢丼1600円が人気。こちらも、朝どれのネタが10種以上楽しめる。

☎076-222-2621 ⓒ7〜15時ごろ（ネタ・シャリがなくなり次第閉店）休木曜（祝日の場合は営業）、月1〜2回不定休 MAP P58❶

近江町食堂

おうみちょうしょくどう

市場内にあるため 新鮮さは折り紙付き

近江町市場で働く人の食事処として昭和5年（1930）に開業した食堂。市場で吟味して仕入れた魚介をメインに、刺身や焼魚、煮魚など、定食や単品で食べられる。その数は100種以上で黒板メニューもある。

☎076-221-5377 ⓒ10時30分〜14時30分LO、17時〜21時30分LO（日曜と連休最終日は〜19時30分LO）休無休 MAP P58⑮

海鮮丼 2380円
当店自慢の季節の魚介ネタが11種ほどのる丼。ご飯は酢めしを使う。

いきいき亭丼 2200円
鮮度抜群の魚やカニ、エビなど、14種ほどのネタがてんこ盛り。味噌汁付き。

大きな黒板メニューに注目

朝7時オープンで、早くから活動する観光客にはうれしい

魚旨丼 2480円
甘エビやブリなど四季折々、旬の魚介を13〜14種厳選。味噌汁付き。

近江町市場海鮮丼 魚旨

おうみちょういちばかいせんどん うおうま

厳選ネタが惜しみなく 魚のおいしさを実感

旬のいちばんおいしいネタを贅沢に厚切りし、魚本来の味が楽しめると評判の、海鮮丼と握り寿司の店。米や調味料も、安心安全な地物にこだわり、白山麓鳥越地区産、酢は鶴来地区醸造の酢を使用。

☎090-1393-4560 ⓒ11時ごろ〜18時ごろ（ネタがなくなり次第閉店）休不定休 MAP P58⑭

十間町口から入ってすぐ

地元の人にもおなじみの近江町市場。早朝はプロの料理人が行き交い、夕方には夕食の買い物に訪れる主婦の姿が目立ちます。

近江町市場

金沢っ子の食卓を賑わす
おいしいものをお持ち帰り

せっかく"市民の台所"へ来たんですもの、地元っ子御用達の美味をおみやげにいかが？
場内には宅配便のカウンターもあるので、買いすぎちゃっても安心です。

受け継がれてきた
伝統野菜がぎっしり

**旬の加賀野菜
セット
3000円〜**
源助だいこんをは
じめ、古くから栽培
されている15種の
野菜。内容は季節
により変更。
🏠 北形青果

日本海の冬の王者
青いタグが目印

**加能ガニ
1パイ 8000円〜**
石川県産ズワイガ
ニのブランド。足折
れのカニならお手ご
ろ。漁獲期は11月上
旬〜3月下旬。
🏠 大松水産

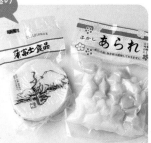

やわらかな食感の
紅白のふかし

**ふかし・あられ
ふかし（左）
168円
あられ（右）
218円**
かまぼこを蒸したふ
かしは金沢の伝統
料理。あられはふか
しを切ったものでお
吸い物に使う。
🏠 世界の食品ダイヤ
モンドLⅠ

昭和45年（1970）の発売以来
北陸で愛されてきた菓子

**ビーバー、
白えびビーバー
1袋230円**
バスケットボール選手の
好物ということで一躍有
名に。食べ出したら止ま
らないおいしさ。
🏠 世界の食品ダイヤモ
ンドLⅠ、LⅡ

🏠 地元のおいしいものが揃う
せかいのしょくひんだいやもんどえるつー
世界の食品
ダイヤモンドLⅡ
地元で人気の調味料や魚介類が並ぶスー
パー。市場内にLⅠもあり。
☎076-232-0341 🕘9〜16時 休不定休
MAP P58❺❻

🏠 鮮度抜群の魚ならココ
だいまつすいさん
大松水産
地元でも定評のある、老舗の魚専門店。国
産ホタテやボタンエビも。旬の刺身をその場
で食べられるイートインコーナーを併設。
☎076-263-1201 🕘8時〜16時30分 休水
曜 MAP P58❶

🏠 店主は野菜ソムリエ
きたがたせいか
北形青果
加賀野菜をはじめ、石川県産の野菜が豊
富に揃う。店主が選ぶ加賀野菜セットが人
気。食べ方や保存の仕方も聞いてみよう。
☎0120-831-803 🕘8〜18時 休日曜、祝日
MAP P58❸

近江町市場でお勉強
四季彩々! 金沢の食材歳時記

金沢っ子の胃袋を支える市場は、一年中土地の美味でいっぱい。
どんなおいしいものがあるの？注目の食材を探ってみました。

プロの料理人も観光客も一堂に集まる金沢市民の台所

新鮮な海の幸に、伝統野菜 四季折々の食材の宝庫

近江町市場の歴史は古く、享保6年（1721）に城下に点在していた市場が集められたのが始まり。誕生以来、約300年にわたって、一般家庭はもちろん、食に携わる職人に愛される市場として、活気に満ちている。市場で注目したいのは日本海の海の幸。石川沖は対馬からの暖流とサハリンからの寒流がぶつかる好漁場で、ブリやズワイガニが冬の味覚としておなじみだ。もう一つ忘れてはならないのが、加賀野菜。金沢周辺で昔から作られてきた野菜で、全15品目。鮮やかな色合いや形に独特の特徴があるものが多い。加賀野菜の多くは夏から秋にかけてが旬。この時期に市場を訪れたら八百屋さんをのぞいてみよう。

店の人との掛け合いも市場の魅力

青果店の店先には珍しい野菜も

この魚介類に注目！

ノドグロ
3〜10月
アカムツの別名だが、金沢ではノドグロが一般的。塩焼きが絶品。

岩ガキ
6〜8月
夏に水揚げされる天然のカキ。大粒で濃厚な味わいが特徴。

甘エビ
9〜3月
とろけるような甘みは、刺身や寿司など生で味わうのがいちばん。

ブリ
10月下旬〜1月下旬
成長に合わせて名前が変わる出世魚。刺身や焼き物で。

ズワイガニ
11月上旬〜3月中旬
石川県産には「加能ガニ」というブランド名が付いている。

ぜひ覚えたい 加賀野菜

金時草（きんじそう）
1月中旬〜11月下旬
葉の裏が鮮やかな紫色で、ゆでるとぬめりが出るのが特徴。

加賀太きゅうり
4月上旬〜11月下旬
やわらかくて日持ちがいい。皮をむいて煮物や酢の物で食べる。

打木赤皮甘栗かぼちゃ（うちきあかがわあまぐり）
5月下旬〜10月下旬
色がきれいでしっとりした食感。甘みが強く、煮物がおすすめ。

五郎島金時（ごろうじまきんとき）
8月中旬〜5月下旬
金沢弁で「こぼこぼ」という、ホクホクした甘みの強いサツマイモ。

源助だいこん（げんすけだいこん）
10月中旬〜1月下旬
やわらかいのに煮崩れしにくいので、おでんや煮物に最適。

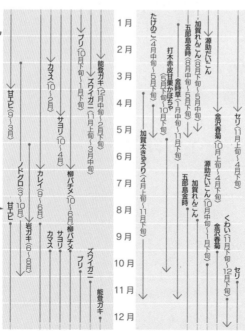

	1月	2月	3月	4月	5月	6月	7月	8月	9月	10月	11月	12月
甘エビ（9〜3月）												
ブリ（10月下旬〜1月下旬）												
カマス（0〜2月）												
ズワイガニ（11月上旬〜3月中旬）												
サヨリ（0〜4月）												
ノドグロ（3〜10月）												
カレイ（9〜6月）												
柳バチメ（10〜6月）												
岩ガキ（6〜8月）												
能登ガキ（12月中旬〜11月下旬）												
たけのこ（4月中旬〜5月下旬）												
加賀太きゅうり（4月上旬〜11月下旬）												
加賀れんこん（8月上旬〜5月下旬）												
五郎島金時（8月中旬〜5月下旬）												
打木赤皮甘栗かぼちゃ（5月下旬〜10月下旬）												
金時草（1月中旬〜11月下旬）												
源助だいこん（10月中旬〜1月下旬）												
加賀春菊（10月上旬〜4月下旬）												
セリ（11月上旬〜4月下旬）												
くわい（11月上旬〜12月下旬）												

これしよう！

お庭が見事な 武家屋敷跡 野村家へ

海外からも注目の、庭や豪
華な座敷が見ごたえのある
名家の邸宅（☞P67）。

これしよう！

素敵にリノベした 町家ショップに注目

レトロなムードの、個性的
なカフェやショップが増え
ている（☞P68）。

優美な香り漂う
香舗伽羅のお香

これしよう！

土塀が続く路地を しっとりおさんぽ

屋根がついた土塀と長屋
門が続く。門の奥は多くが
一般の住宅（☞P66）。

長町武家屋敷跡は
ココにあります！

金沢駅

金沢城
公園

長町
武家屋敷跡

兼六園

― 城下まち金沢周遊バス
― 西日本JRバス
― 北鉄バス

藩政時代の面影がそこかしこに

長町武家屋敷跡

ながまちぶけやしきあと

こんなところ

藩政時代、加賀藩の中級武士の屋敷があった界
隈。入り組んだ路地に沿って土塀が続く街並み
は、江戸時代にタイムスリップしたよう。大野
庄用水沿いにはカフェやみやげ店が並ぶ。最近
は、町家を利用したおしゃれなショップが増え
て、金沢っ子からも注目を集めている。

a c c e s s

●金沢駅兼六園口（東口）から
【北鉄バス】
片町方面行きで南町・尾山神
社まで7分、香林坊まで9分
【西日本JRバス】
片町方面行きで9分、香林坊
下車
【城下まち金沢周遊バス】
香林坊まで左回りで9分

問合せ
☎076-232-5555
金沢市観光協会
広域MAP P138A・B1〜2

～長町武家屋敷跡 はやわかりMAP～

N 0 50m

県道13号へ

6 香舗伽羅
(☞ P67)

ひらみぱん

香林坊メディカル
クリニック

土塀の家並みが美しい通りはココ
香林坊から大野庄用水までの入り組んだ小路が特に趣深い。

近江町市場へ

尾山神社前

百々女木通り

尾山

金沢市足軽資料館
(☞ P67) **5**

金沢聖霊総合病院

聖霊こども園

鞍月用水

香林坊2

香林坊

4 **大野庄用水**
(☞ P67)

旧加賀藩士高田家跡

道林寺支坊

東横INN
金沢兼六園香林坊

朝日生命金沢第2ビル

金沢製菓調理専門学校

県道146号へ

長町武家屋敷休憩館

3 **武家屋敷跡 野村家**
(☞ P67・71)

ガイドさんがいる長町武家屋敷休憩館
休憩室や観光案内コーナーがあり、ボランティアガイドが常駐。
☎076-263-1951

長町やすらぎ緑地

2 **茶菓工房たろう 鬼川店**
(☞ P66)

1 **長町武家屋敷跡**
(☞ P66)

香林坊大和

157

香林坊

日銀前

香林坊

まちのり

金沢東急ホテル

アトリオ

兼六園へ

金沢市老舗記念館

老舗記念館

前田土佐守家資料館

香林坊東急スクエア

香林坊

長町

香林坊

金沢香林坊局

片町へ

犀川大橋へ

観光のヒント

観光後は香林坊界隈の居酒屋で一杯も

長町武家屋敷跡観光を夕方近くにすれば、すぐ近くの香林坊・片町で夜を楽しむことも。海鮮居酒屋で地酒や肴(☞P90)をいかが？

おすすめコースは

2時間

バス停香林坊から路地を入り、まずは風情ある街並みを楽しんで。観光スポットは武家屋敷跡 野村家がある大野庄用水沿いに集中。鞍月用水沿いは個性的な町家ショップが多い。

スタート
バス停 香林坊

▶ 徒歩6分

1 見る
長町武家屋敷跡

▶ 徒歩1分

2 カフェ
茶菓工房たろう 鬼川店

▶ 徒歩1分

3 見る
武家屋敷跡 野村家

▶ 徒歩1分

4 見る
大野庄用水

▶ 徒歩1分

5 見る
金沢市足軽資料館

▶ 徒歩2分

6 買う
香舗伽羅

▶ 徒歩5分

ゴール
バス停 香林坊

藩政時代の面影を感じながら
大野庄用水沿いをおさんぽ

散策所要
2時間

加賀藩の武士の屋敷があった界隈で映画やドラマにもよく登場。土塀に用水、石畳…。
入り組んだ小路を散策すると、まるで江戸時代にタイムスリップしたようです。

細い路地に土塀が続く長町独特の風景

探してみよう

ごっぽ石
石に下駄を打ち付けて、歯に挟まった雪を取る役割があった。

気になると…

こもがけ
金沢の冬の風物詩。わらを編んだこもで覆い、雪から壁を守る。

Start!

①

なが まち ぶ け や しき あと
長町武家屋敷跡

江戸の街並みが現代に！
土壁に藩政期の面影を見る

加賀藩の家老を務めた長家や村井家をはじめ、中級武士が居を構えた住宅街。複雑に入り組んだ路地は、外敵の侵入を防ぐための名残り。木羽板葺きの屋根がついた土塀や長屋門が連なり、藩政期の街並みを偲ばせる。
¥●休見学自由 ●バス停香林坊から徒歩6分 Pなし MAPP138B2

②

さかこうぼう たろう おに かわ てん
茶菓工房たろう 鬼川店

野村家庭園を眺めながら
手作り和菓子でほっこり

天然素材にこだわり、丁寧に作り上げたおしゃれな和菓子が魅力。店内には野村家庭園に面した喫茶スペースがあり、抹茶（上生菓子付き）700円や季節の上生菓子など、甘味を楽しめる。
☎076-223-2838 ●金沢市長町1-3-32 ●8時30分〜17時30分（喫茶は〜16時30分LO）●無休 ●バス停香林坊から徒歩8分 P6台 MAPP138A2

窓の外には野村家の庭園が広がる

さっぱりした甘みの抹茶ぜんざい800円

もうひとつの用水、鞍月用水

長町武家屋敷跡を香林坊方面に抜けるとまた用水が。こちらは鞍月用水で、水車を回して菜種油をとったり、農業用水として活躍したそう。
MAP P138B1

③
豪華な造りが目を引く上段の間(奥)と調見の間(手前)

ぶけやしきあと のむらけ
武家屋敷跡 野村家
P71も
Check

贅を尽くした屋敷と庭園
豪商が築いた名家邸宅

野村家は、前田家の直臣として御馬廻組の組頭を代々務めた名家。現在の屋敷は、加賀の豪商・久保彦兵衛が建てた屋敷の一部を移築したもの。

☎076-221-3553 ⓐ金沢市長町1-3-32 ¥550円 ⓑ8時30分～17時入館 (10～3月は～16時入館) ⓗ1月1・2日、12月26・27日 ⓧバス停香林坊から徒歩8分 ⓟ6台
MAP P138A2

堅牢な雰囲気が漂う門構え

④ おおのしょうようすい
大野庄用水

街を守った最古の用水
静かな水音に耳を澄まそう

藩の中心部を外敵や火災から守る目的で400年前に造られた、最も古い用水。かつては金沢城築城の際に木材を運んだ舟が往来したため、御荷川とよばれていた。

¥ⓑⓗ見学自由 ⓧバス停香林坊から徒歩6分 ⓟなし MAP P138A2

金沢市の中心部を流れる犀川から取水している

足軽の生活様式を解説した展示もある

⑤
かなざわしあしがるしりょうかん
金沢市足軽資料館

加賀藩を支えた下級武士
足軽の生活を垣間見る

藩政期から平成まで実際に住居として使用していた2棟の足軽屋敷を移築、公開している。堅牢でこぢんまりとした造りや家財道具などから、当時の質素な暮らしぶりがうかがえる。

☎076-263-3640 ⓐ金沢市長町1-9-3 ¥入館無料 ⓑ9時30分～17時 ⓗ無休 ⓧバス停香林坊から徒歩8分 ⓟなし MAP P138A1

Goal!

⑥ こうほきゃら
香舗伽羅

好みのお香を発見できる
香りのブティック

伽羅木の優美な香りが漂う店内には、約300種類のお香が並ぶ。香りを試すことができるので、自分にあった一品を見つけては? 香道体験2750円(所要1時間、要予約)も好評。

☎076-233-0477 ⓐ金沢市高岡町19-17 ⓑ10時～18時30分(日曜・祝日は～18時) ⓗ第1・3・5水曜 ⓧバス停香林坊から徒歩5分 ⓟ1台 MAP P138B1

一番人気の「おもいば包み」各880円、模様がかわいい香皿 各550円

香道体験は香座敷「香林」で行われる

街なかをきれいな水が流れる武家屋敷周辺の大野庄用水では、毎年6月ごろにホタルを見ることができます。

町家を素敵に変身させた 個性派ショップが増えてます

長町ではリノベ町家が話題。レトロなたたずまいが土塀の街並みに溶け込んでいます。
用水のせせらぎを聞きながら、個性的なショップ巡りを楽しみましょう。

Photo by MARC AND PORTER

レトロとモダンが交錯する
新しいアートの場

1ギャラリー内観 2
陶芸体験(ろくろ)の工
房 3電動ろくろの体
験は所要約1時間30
分。写真はサンプル作
品

あとりえあんどぎゃらりー　くりーゔぁ
atelier & gallery creava

明治時代の蔵を改装した陶芸工房
で、ろくろ成形や絵付けの陶芸体験
3600円〜(送料別)が楽しめる。ギャ
ラリーでは常設展のほか、若手作
家中心の企画展やアーティストのワー
クショップなども開催される。

☎076-231-4756 住金沢市長町2-6-
51 時11〜17時(体験は要予約で時間
は要問合せ) 休水・木曜 交バス停香林
坊から徒歩8分 P3台 MAPP138A1

ヴィンテージ品ならではの
ぬくもりあふれる
家具と雑貨

ぐろいに
Gloini

鞍月用水が流れるせせらぎ通り沿
いにある、民家を改装した、家具と
雑貨の店。統一感のある店内に並
べられた机や椅子は、ヨーロッパ各
地から集めたヴィンテージ品。フラ
ンス製の愛らしい箸置990円のほ
か、気軽に使える食器など、生活雑
貨も充実している。輸入食品や洋書
などの取り扱いもある。

☎076-255-0121 住金沢市長町1-6-16
時11〜18時 休不定休 交バス停香林坊か
ら徒歩5分 P1台 MAPP138B1

1かわいい家具で日々の生活を
楽しく 2シンプルで使いやすい
食器も人気 3スペインのタッセ
ルキーホルダー1485円〜はバッ
グのチャームとしてもお洒落
※写真はイメージ

長く使える
生活用品をセレクト
にぐらむ
niguramu

日本の作家ものや国内製造のアイテムを集めたセレクトショップ。台所用品から掃除具、バッグまで、大人女子が好みそうなシンプルで使いやすい生活用品が揃う。
☎076-255-2695 (MAP)P138B1

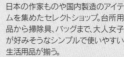

パンの香りに誘われて
素朴なフレンチに
舌鼓

びすとろ ひらみぱん
ビストロ ひらみぱん

大正時代に建てられた、鉄工所を改装したビストロ。ヴィンテージ家具を置いたレトロなムードの店内で、フレンチベースの料理とワインが味わえる。モーニングセット1485円もあり、ランチ、カフェと3度訪れてみたい。テイクアウトOKの天然酵母の自家製パンや、洋風惣菜も人気。
☎076-221-7831 (住)金沢市長町1-6-11
(時)8時〜17時30分LO (休)月曜、不定休
バス停南町・尾山神社から徒歩5分 (P)1台
(MAP)P138B1

1焼きたてパンの芳醇な香りが広がる 2オリジナルのコーヒー豆なども扱う 3キッシュとサラダのランチ2178円

有名作家の貴重な古書も。
お気に入りの一冊を
探して

およよしょりん せせらぎどおりてん
オヨヨ書林
せせらぎ通り店

大正時代の面影が残る店内で目を引くのは、壁一面に作られた本棚。文芸、思想、社会科学系の本を中心に、金沢ゆかりの室生犀星や、明治から昭和中期に活躍した作家の小説が並ぶ。見ているだけでも楽しい洋書、絵本なども豊富。
☎076-255-0619 (住)金沢市長町1-6-11
(時)13〜19時 (休)月曜(祝日の場合は翌日)
バス停南町・尾山神社から徒歩5分 (P)なし
(MAP)P138B1

1壁一面の本棚は本好きにはたまらない空間 2せせらぎ通り沿いにある昔なつかしい建物 3サヴィニャック、室生犀星、澁澤龍彦の著作

金沢では市の主導で町家の再生が推進されており、ギャラリーや工房として活用されている民家も増えています。

ココにも行きたい

長町武家屋敷跡のおすすめスポット

まえだとさのかみけしりょうかん
前田土佐守家資料館

上級武士の暮らしを浮き彫りに

加賀藩の重臣であった前田土佐守家伝来の資料を収蔵展示。古文書を中心に、武具、書画、調度品など幅広い展示で上級武士の暮らしを紹介している。江戸時代の双六の複製530円やシール100円などグッズも好評。**DATA**☎076-233-1561 ⓗ金沢市片町2-10-17 ¥310円 ⓣ9時30分～17時（入館は～16時30分）ⓗ展示替え期間 ⓢバス停香林坊から徒歩5分 ⓟなし **MAP**P138B2

きゅうかがはんしたかだけあと
旧加賀藩士高田家跡

復元長屋門で中級武士の生活を紹介

加賀藩の中級武士であった高田家の屋敷跡。敷地は庭園となっており、かつて中級武士以上に許された長屋門が復元されている。長屋門は仕様の門で、門の両側に奉公人の暮らす仲間部屋と厩がある。**DATA**☎076-263-3640（金沢市足軽資料館）ⓗ金沢市長町2-6-1 ¥無料 ⓣ9時30分～17時 ⓗ無休 ⓢバス停香林坊から徒歩8分 ⓟなし **MAP**P138A1

かなざわしにせきねんかん
金沢市老舗記念館

薬種商の建物を改装して展示

明治期に建てられた薬種商の建物を移築して公開。館内には店の間やおえの間などがあり、展示される売薬製造・販売用具は国登録有形民俗文化財。2階では婚礼模様などを見られる。**DATA**☎076-220-2524 ⓗ金沢市長町2-2-45 ¥入館100円 ⓣ9時30分～17時（入館は～16時30分）ⓗ月曜（祝日の場合は翌平日）ⓢバス停香林坊から徒歩6分 ⓟなし **MAP**P138B2

しきのてーぶる
四季のテーブル

じぶ煮が人気！金沢の味を堪能

地元の郷土料理研究家、青木悦子氏のレストラン。伝統と健康、金沢の食をテーマにした料理を味わえる。金沢を代表する料理、じぶ煮がおすすめで、金澤じぶ煮膳は1590円～。**DATA**☎076-265-6155 ⓗ金沢市長町1-1-17青木クッキングスクール1階 ⓣ9時30分～20時30分LO（ランチ11～15時、ディナー17時～）ⓗ水曜（祝日の場合は翌日）ⓢバス停香林坊から徒歩5分 ⓟ3台 **MAP**P138B2

くにやき かぶらしょうほ おいしいいっぷくかぶらき
九谷焼 鏑木商舗
おいしいいっぷく鏑木

九谷焼を楽しむ総合空間

九谷焼のショップや展示室があり、食事処では、九谷焼の器で金沢おでんほか、加賀野菜を使った料理が楽しめる。金沢おでん定食1600円。**DATA**☎076-221-6666 ⓗ金沢市長町1-3-16 ⓣ9～22時（カフェ10時～）、ランチ11時30分～14時30分、ディナー18時～21時30分LO ※ディナー要予約 ⓗ不定休 ⓢバス停香林坊から徒歩6分 ⓟなし **MAP**P138B2

あまみどころ きんかとう
甘味処 金花糖

手間ひまかけた手作り甘味

住宅街にある隠れ家的な甘味処で、和モダンなしつらえが素敵。餡や白玉、寒天はもちろん、アイスクリームも自家製だ。あんこにアイス、白玉、フルーツなど甘味のオールスターが揃うクリームあんみつ850円がおすすめ。**DATA**☎076-221-2087 ⓗ金沢市長町3-8-12 ⓣ12時～夕暮れどき ⓗ火・水曜（祝日の場合は営業）ⓢバス停香林坊から徒歩11分 ⓟ4台 **MAP**P138A1

鞍月用水が流れる
せせらぎ通りの店に注目

個性的なショップやカフェが立ち並ぶ、鞍月用水沿いのショップを訪ねてみよう。

る・ぽんど・しょこら・さんにこら
ル・ポンド・ショコラ・サンニコラ

おしゃれなショコラトリー＆カフェ

30種のショコラが揃う専門店で、イートインもOK。クレームブリュレをムースショコラで包んだラファロ496円。**DATA**☎076-264-8669 ⓗ金沢市香林坊2-12-24 ⓣ11～19時（火曜は～18時）ⓗ水曜、第3火曜 ⓢバス停香林坊から徒歩4分 ⓟなし **MAP**P138B2

しゅぼう しょうじょう
酒房 猩猩

粋な酒器で地酒の飲みくらべ

日本酒通の主人が厳選した地酒と、手作りの酒肴を楽しめる。地酒は20種類以上で、半合330円～。**DATA**☎076-222-2246 ⓗ金沢市香林坊2-12-15 ⓣ18時～22時15分LO ⓗ日曜（連休の場合は最終日）ⓢバス停香林坊から徒歩4分 ⓟなし **MAP**P138B2

らりー
rallye

乙女好みのアイテムがいっぱい！

繊細なデザインの洋服や雑貨のセレクトショップ。マグカップ2200円、ミニりんごポーチ1100円など。**DATA**☎076-265-7006 ⓗ金沢市香林坊2-11-7川岸ビル1階 ⓣ11～19時 ⓗ水曜（祝日の場合は営業）ⓢバス停香林坊から徒歩3分 ⓟ1台 **MAP**P138B1

P67も check

世界が注目しています
武家屋敷跡 野村家の庭

長町界隈で唯一邸内を公開している野村家は、庭園が見事。
海外の庭園専門誌にも評価されている、お庭の魅力をご紹介します。

観光ボランティアガイド

**まいどさんに
聞いてみました!**

いっぺん見て
いくまっし!

金沢観光ボランティアまいどさん
長町武家屋敷跡、ひがし茶屋街、にし茶屋街に観光ボランティアガイドが常駐(☞P14)

Q ココがスゴイ!を教えて
決して広くはない庭の敷地に、木や橋などが巧みに配置され、その意匠に加賀文化の深さを感じます。

Q おすすめの鑑賞場所は?
何といっても縁側からの眺め。庭園内の奇岩や名石は見ていて飽きませんね。

Q へぇ〜ネタが知りたい!
庭園の反対側の中庭に刻印された石があります。戸室石というこの石は、金沢城の石垣にも使われています。

静かな時間が流れる庭園をじっくり鑑賞

悠久の時を刻む静謐な名園
水面が迫る屋敷はまるで水上御殿

平成21年(2009)にはミシュランガイドの観光地格付けで2ツ星を獲得した野村家。ギヤマンをはめた障子戸や総檜造りの格天井などの建物はもちろん、圧巻は庭園。さまざまな形の灯籠、橋などが配され、四季折々に風情がある。大野庄用水から下段の水に取り込まれた水は、曲水や、上段の池からの落水を受けて再び用水に戻されており、藩政期の土木技術が垣間見られる。これら曲水や灯籠などの絶妙な配置と、建物との調和が国内外から評価されている。縁側に座りニシキゴイが泳ぐ池を眺めてのんびりするのもいい。

**2階から
眺めてみては?**

縁側を抜け、石の階段を上った先にある「不莫庵(ふばくあん)」では、抹茶300円(干菓子付き)が楽しめる。

入口から向かって右の茶室

樹木が生い茂った庭園を眼下に望む

入口から向かって左の控の間

まこもの茎を使った、珍しい天井にも注目

庭園見取り図

2階
控の間
水屋
茶室
石の階段
縁側
WC
上段の間
佛間
謁見の間
控の間
奥の間
1階

①山桃の木
②大雪見灯籠
③大架け橋
④シイの木

①山桃の木
北陸で育ちにくい山桃の古木。樹齢400年以上で、金沢市の保存樹に指定されている。

②大雪見灯籠
6尺あり、庭園内に13基ある灯籠の中で最も大きい灯籠。冬にこもが掛けられた姿も美しい。

③大架け橋
向かって右奥にある。さくらみかげの石でできた、長さ約2mの大架け橋。

④シイの木
スダジイという種類。樹齢400年を超え、その姿は壮観。

これしよう！

地元っ子の
ソウルフード満喫

ランチは、金沢っ子が愛する手軽なローカルグルメはいかが（☞P74）？

これしよう！

居酒屋にBar
大人が楽しめる店へ

活気ある居酒屋やおでん屋さん、大人Barで夜まで満喫（☞P78・79）。

片町にある赤玉
本店のおでん

これしよう！

お買い物
ストリートを散策

ビルが並ぶ大通りから竪町・新竪町は、ショップがぎっしり（☞P76）。

香林坊・片町・竪町は
ココにあります！

城下まち金沢周遊バス
北鉄バス
金沢城公園
片町
香林坊　竪町
兼六園

グルメとお買い物が楽しい繁華街

香林坊・片町・竪町

こうりんぼう・かたまち・たてまち

こんなところ

香林坊・片町周辺は北陸随一の繁華街。デパートやファッションビルが立ち並び、休日には多くのショッピング客で賑わう。飲食店も数多く、深夜まで賑わいが途絶えることがない。おしゃれなファッションストリートの竪町、個性的なお店が多い新竪町も見逃せない。

ａｃｃｅｓｓ

●金沢駅兼六園口（東口）から
【北鉄バス】
片町方面行きで香林坊まで9分、片町まで12分
【城下まち金沢周遊バス】
香林坊まで左回りで9分、片町まで11分

問合せ
☎076-232-5555
金沢市観光協会
広域MAP P138B・C2〜4
P141D・E1〜2

～香林坊・片町・竪町　はやわかりMAP～

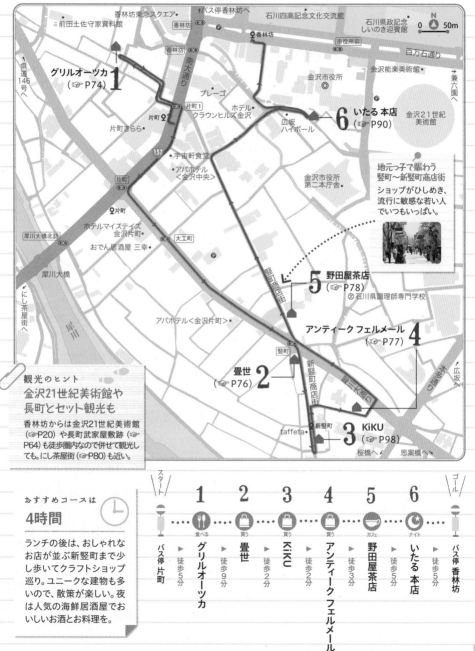

N　0　50m

グリルオーツカ
（☞P74）　**1**

6　いたる 本店
（☞P90）

地元っ子で賑わう
竪町～新竪町商店街
ショップがひしめき、
流行に敏感な若い人
でいつもいっぱい。

5　野田屋茶店
（☞P78）

アンティーク フェルメール
（☞P77）　**4**

畳世　**2**
（☞P76）

3　KiKU
（☞P98）

観光のヒント
金沢21世紀美術館や長町とセット観光も
香林坊からは金沢21世紀美術館
（☞P20）や長町武家屋敷跡（☞
P64）も徒歩圏内なので併せて観光し
ても。にし茶屋街（☞P80）も近い。

香林坊・片町・竪町

おすすめコースは
4時間

ランチの後は、おしゃれな
お店が並ぶ新竪町まで少
し歩いてクラフトショップ
巡り。ユニークな建物も多
いので、散策が楽しい。夜
は人気の海鮮居酒屋でお
いしいお酒とお料理を。

スタート		1		2		3		4		5		6		ゴール
		食べる		買う		買う		買う		カフェ		ナイト		
バス停 片町	▶	グリルオーツカ	▶ 徒歩5分	畳世	▶ 徒歩9分	KiKU	▶ 徒歩2分	アンティーク フェルメール	▶ 徒歩2分	野田屋茶店	▶ 徒歩3分	いたる 本店	▶ 徒歩5分	バス停 香林坊

地元っ子でいつも賑わってます
アラウンド1000円の大満足ランチ

金沢っ子には常識！のローカルフードから気軽なカフェごはんまで。
安くておいしいランチ激戦区で人気を誇る店のとっておきメニューをご紹介します。

金沢のソウルフード
といえばこのメニュー！

片町

ぐりるおーつか
グリルオーツカ

昭和32年（1957）創業の老舗
洋食店。看板メニューは、ふんわ
り玉子と白身魚、小エビのフライ
がのったハントンライス。

☎076-221-2646 🏠金沢市片町
2-9-15 🕚11時～15時30分、17時～
19時50分 休水曜（振替休あり）交バス
停香林坊から徒歩5分 Pなし
MAP P138B3

ハントンライス
1030円
ケチャップライスと自家
製タルタルソースが絶妙
にマッチしている。

レトロな雰囲気の店内

刺身やおでんなど
金沢の季節の味が満載！

長町

かっぽう むらい
割烹 むら井

この場所で45年以上続く、確かな
味を提供する割烹。甘エビやカニ、
ブリ、加賀野菜など季節の食材を
丁寧に仕込んだ郷土料理や加賀
料理が自慢。1日10食限定の甘海
老天丼は必食。

☎076-265-6555 🏠金沢市香林坊
2-12-15 🕚11時30分～14時LO、16時
30分～22時LO 休不定休 交バス停香
林坊から徒歩4分 P2台
MAP P138B2

甘海老天丼
1100円

まかない風『日替御
膳』**1100円**
人気の日替わり定食。刺身、
焼魚、煮物、揚げ物、酢の
物が付く豪華版。

野菜がたっぷりとれるヘルシーなラーメン

はちばんらーめん　さいがわおおはしてん
8番らーめん 犀川大橋店

国道8号沿いに誕生し、海外も含め、270店舗を展開する。自社製の太ちぢれ麺は、豚骨や野菜を煮込んだスープによく絡まり、独特の味わい深さを生む。

金沢でラーメンといえばここ

☎076-232-1238 🏠金沢市片町2-21-12KDビル1階 🕐11時〜翌5時45分LO（日曜、祝日は〜翌2時30分LO）🈺無休 🚃バス停片町から徒歩1分 🅿なし
MAPP138B4

野菜らーめん（塩）682円
沖縄の海水から作った塩が特徴。味は味噌など、4種類から選べる。

とんバラ！と注文すれば気分は地元っ子

ぜんかいこうしょう
全開口笑

和食の料理法を取り入れ、加賀野菜などの食材を加えて金沢風にアレンジした中華料理が人気。小皿料理も充実しており、一人でもいろいろな味を楽しめる。

☎076-222-4262 🏠金沢市柿木畠5-7 🕐11時30分〜14時、18時〜22時30分LO 🈺月曜 🅿なし 🚃バス停香林坊から徒歩4分 **MAP**P138C3

2階は広々としたテーブル席でグループにおすすめ

レタスチャーハン1300円
シャキシャキのレタスとズワイガニの身が贅沢に盛り込まれている。

うちゅうけんしょくどう
宇宙軒食堂

いつも大賑わいの、町の定食屋さん。秘伝の甘辛ダレがクセになる豚バラ定食は、客の8割が注文するほど人気。トンカツ定食など定番メニューも充実。

☎076-261-8700 🏠金沢市片町1-5-29 🕐11〜15時、17〜21時 🈺火曜 🚃バス停香林坊から徒歩3分 🅿なし **MAP**P138B3

昼はサラリーマンなどで賑わう

豚バラ定食750円
豚バラは薄く切って鉄板で焼く。特製のタレとご飯がよく合う。

金沢の味がぎっしりのチャーハンはいかが

ハントンライスは、オムライスの上にフライがのった金沢独特の洋食メニュー。名前の由来は諸説あります。

センスが光るお店がズラリ
新竪町商店街でお買い物

通りに揺れる
フラッグ

おしゃれな地元っ子が集う商店街に、町家を利用した個性的なお店が増えています。
素敵な雑貨やお洋服を探したり、お店の方とのおしゃべりも楽しいですよ。

レトロな通りに
かわいいお店が
いっぱいです

以前は骨董通りとして
知られたストリート

1 畳世
たたみぜ

かわいい日本が
お店の中にいっぱい

着物セレクトショップで、店名の「タタミゼ」は、フランス語で「日本かぶれ」の意味。アンティークやリサイクル着物のほか、作家手作りのつまみ細工や九谷焼の和小物も取り扱っている。

☎076-263-2632
住金沢市新竪町3-95
⏰10〜17時 休月〜
金曜 交バス停香林坊
から徒歩8分 Pなし
MAP P141D2

着物リメイクがま口バッグ6500
〜9500円

つまみ細工のコサージュ
(大) 3900円、(小) 2300円、
九谷焼の帯留め2300円〜、
ピアス各1200円

畳敷きがほっとする店内

竪町へ

竪町

片町へ

新竪町商店街

1 畳世

八百屋
松田久直商店 2

---

2 八百屋松田久直商店
やおやまつだひさなおしょうてん

全国から選りすぐった
野菜や果物を揃える

黒壁の町家に赤いのれんが目印。店先には一般的な野菜はもちろん加賀野菜や業務用の珍しいものまで新鮮な野菜がズラリと並ぶ。無添加の自家製ジャムとソースが好評。

☎076-231-5675 住金沢市新竪
町3-104 ⏰9時30分〜15時30分
休日曜、祝日 交バス停香林坊から徒
歩10分 P1台 MAP 141D2

金沢で古くから生産され
ている加賀野菜セット
3500円〜をおみやげに

自家製ジャム380円〜は
すぐに売り切れるほど人気

旬の野菜が所狭しと並ぶ。
セレクトされた野菜以外の食
品もチェック

---

3 パーラー・コフク
ぱーらー・こふく

小さな居酒屋で
土・日曜、祝日は昼飲み!

地元ファンが通うこぢんまりした居酒屋。鯖の自家製スモークやチーズの味噌漬けなどが自慢。店主おすすめの酒600円〜、おつまみ440円〜。

☎076-221-7757 住金沢市新竪町
3-118 ⏰17〜22時LO(土・日曜、祝日
15時〜)休月・火曜ほか不定休あり 交バ
ス停香林坊から徒歩10分 Pなし
MAP P141E3

ちょい飲みにぴったりの
コフクセット1100円

元は床屋さんの建物
だったそう

令和元年(2019)にリニューアル。
蔵を改装した空間も必見

白磁のアンティーク食器
も常時取り扱う

北欧のアンティークティーポット。レリー
フ(左)2万1600円、コーディアル(右)
2万7000円

デンマークの老舗メーカー
B&G社製、1960年代のコー
ヒーカップ1客7480円

KiKU P98

4 ふぉの phono

ヴィンテージ家具に
新たな命を吹き込む

北欧のヴィンテージ家具を中心
に、食器や雑貨、アクセサリーな
ども扱う。ユーズドの味わいを残
しながら丁寧にリペアされた家
具のファンは県外にも多い。
☎076-261-5253 住金沢市新竪町
3-45 ⏰12〜18時 休水・木曜 🚌バス
停香林坊から徒歩9分 Pなし MAP
P141E2

BENLLY'S&JOB
WORK ROOM

ESPRESSO BAR
KESARAN PASARAN

4 phono

パーラー・コフク 3

5

べんりーずあんどじょぶわーくるーむ
BENLLY'S&JOB WORK ROOM

個性的な雑貨がいっぱい
お気に入りを見つけて

オリジナルの革小物や文房具、食
器、雑貨など、多彩な商品に目を
奪われる。手作りの革小物は、パ
ターンオーダー4000円〜にも応
じてくれる。
☎076-234-5383 住金沢市新竪町
3-16 ⏰11〜19時 休火・水曜 🚌バス停
香林坊から徒歩10分 P2台
MAP P141E3

作っている様子
が見える店内

キーレスエントリ
ーに対応したキ
ーケース6380円

店名ロゴが入ったオリジ
ナルコーヒー缶1320円

ちょっと足を延ばして
アンティークショップへ

あんてぃーく ふぇるめーる
アンティーク フェルメール

モノに宿る物語を感じるアンティークの魅力

商店街から、通りを80mほど入ったところに位置
する。英国各地で仕入れたアンティークを主に販
売。グラスやアクセサリーなど、手ごろなものも多
い。英国通のオーナーとのおしゃべりも楽しんで。
☎076-224-0765 住金沢市鱗町82-12 ⏰12〜19時
(土・日曜、祝日11時〜) 休水曜 🚌バス停香林坊から徒歩
12分 Pなし MAP P141E2

1920年ごろのモザイクのクロス
(イタリア製)
1万8000円

1920年ごろのネックレス1万4000
円。色鮮やかなガラスのビーズが好評

ココにも行きたい

香林坊・片町・竪町のおすすめスポット

じゃのめずし ほんてん
蛇之目寿司 本店

地物にこだわった金沢流の寿司

昭和6年（1931）創業の老舗格の寿司処。ネタは地魚中心、シャリは石川県産コシヒカリ、醤油も地元産という金沢らしい寿司が味わえる。にぎり8貫に味噌汁が付いたおまかせにぎり3500円が好評。**DATA**☎076-231-0093 **住**金沢市片町1-1-12 **営**12〜14時（日曜、祝日は〜14時30分）、17時30分〜21時（日曜、祝日は〜20時30分）**休**水曜 **交**バス停香林坊から徒歩3分 **P**なし **MAP**P138C3

きせつりょうりとなごみざけ じゅうにのつき
季節料理と和み酒 十二の月

地物食材を生かした本格和食

金沢で創業50年の日本料理店。食材はもちろん、だしにもこだわる。季節のコース6800円。季節限定の日本酒や、石川の地酒もオススメ。個室も多数ある。**DATA**☎076-223-6969 **住**金沢市竪町2-23-12中央コアビル1階 **営**17時30分〜22時LO **休**日曜（連休の場合は最終日）**交**バス停片町から徒歩2分 **P**なし **MAP**P138B3

びすとろかみやいちべえ
Bistro紙屋市べゑ

毎日仕込む自家製豆腐が人気

築約125年の町家を生かした風情あるたたずまいと、ジャンルを越えた創作メニューが人気の和ダイニング。手作りの豆腐が名物で、自家製厚あげ豆腐550円、能登豚バラ肉の炭火焼660円など。**DATA**☎076-262-6006 **住**金沢市片町1-8-21 **営**17時〜21時30分LO（土・日曜12時〜、金・土曜〜22時30分LO）**休**無休 **交**バス停片町から徒歩2分 **P**なし **MAP**P138B4

ふむろやかふぇ こうりんぼうだいわてん
FUMUROYA CAFÉ 香林坊大和店

お麩屋さんのオリジナルスイーツ

加賀麩の老舗、不室屋の和カフェ。麩を多彩に使用したスイーツを気軽に楽しめる。しら玉生麩、おやつ麩、おてまり麩菓子などを盛り込んだ不室屋パフェ1100円がおすすめ。☎076-220-1452 **住**金沢市香林坊1-1-1大和香林坊5階 **営**10〜19時 **休**大和香林坊店に準ず **交**バス停香林坊からすぐ **P**813台（有料）**MAP**P138C2

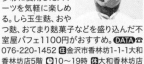

のだやちゃてん
野田屋茶店

茶舗の喫茶でお茶のスイーツを

安政6年（1859）創業の老舗茶舗。店内の喫茶で抹茶や加賀棒茶を使ったオリジナルの甘味が楽しめる。抹茶ソフトクリーム330円、加賀棒茶をまるごと挽いたパウダーが香ばしいまかないパフェ（写真）737円。厳選した抹茶使用の抹茶ぜんざいは638円。**DATA**☎076-221-0982 **住**金沢市竪町3 **営**9時30分〜18時30分 **休**無休 **交**バス停香林坊から徒歩8分 **P**なし **MAP**P138C4

季節ごとに趣豊かな中庭を望む店内では石臼で抹茶を挽く様子も見られる

まかないで作ったパフェがお店のメニューに

地元っ子が通う夜店でしっとり大人時間を

女性一人でも心地よく過ごせるジェントルなBarで旅の夜のひとときを。

ひろさかはいぼーる
広坂ハイボール

フード充実の気さくなバー

スコッチで作るヒロサカハイボールが880円。アンチョビが隠し味のオムレツ880円など、フードも豊富。**DATA**☎076-265-7474 **住**金沢市柿木畠4-9中村中ビル2階 **Y**チャージ660円 **営**18〜24時 **休**日曜 **交**バス停香林坊から徒歩5分 **P**なし **MAP**P138C3

ばーすぷーん
BARSPOON

名手の技と味に酔う

客の年齢層が幅広い人気のバー。カクテル1000円〜。**DATA**☎076-262-5514 **住**金沢市片町1-5-8シャトウビル1階 **営**17時〜翌1時（24時LO）**Y**チャーム・チャージ（カバーチャージ）1500円 **休**日曜 **交**バス停片町から徒歩3分 **P**なし **MAP**P138B4

しゃとー しのん
Chateau Chinon

常時800種ほどのワインが揃う

ホテルレストランなどを経験したシニアソムリエの辻さんが営むワインバー。グラス990円〜。**DATA**☎076-264-8875 **住**金沢市片町1-1-18宇野ビル2階 **Y**チャージ880円 **営**19時〜翌1時30分LO **休**不定休 **交**バス停香林坊から徒歩3分 **P**なし **MAP**P138C3

地元っ子にはおなじみの
"金沢おでん" ってどんなもの?

金沢名物いろいろあれど、おでんも実はその一つなのです。
老舗おでん屋さんがひしめく片町でおいしい秘密を尋ねました。

金沢らしい おでんダネはコレ

車麩
260円
噛んだ瞬間、だし汁が口いっぱいに広がる。

かに面
時価
※時価。提供は11月6日〜12月末
内子と外子がたっぷり詰まった香箱ガニ。

梅貝
時価
新鮮でコリコリとした歯ごたえが人気の貝。

大根
290円
冬の野菜の代表格。肉質がやわらかく、味が染みている。

※おでんダネは赤玉本店のものです

観光客や仕事帰りの地元住民でいつも賑わっている赤玉本店

赤玉本店の女将に聞いてみました

は〜い！
何でも聞きまっし！！

佐津川江実子さん
昭和2年（1927）創業の老舗の味を守り続ける女将。

Q 観光客が行っても大丈夫ですか?
女性一人で来られる方も多いですよ。わからないことは何でも気軽に話しかけてください。

Q 季節ごとのおすすめのタネは?
春はタケノコやフキなどの山菜、夏は冷たいだしで食べる夏おでんがおすすめ。秋はサトイモに銀杏、冬はカニや大根が旬ですね。

Q オーダー順は気にした方がいい?
まずはお麩や大根でだしのうま味を味わってほしいですが、お好みの順番で大丈夫ですよ。

一年中おいしい金沢のおでん うま味たっぷり、贅沢食材に舌鼓

実は全国有数のおでん街・金沢。長くて寒い冬を考えれば、その数の多さもうなずける。最も古い店は昭和初期の創業。特に、片町周辺に老舗がひしめいている。おでんといえば冬の料理をイメージするが、金沢では通年営業が一般的。これは年間を通して、海や山からの豊富な食材に恵まれているから。最近では、トマトや加賀太きゅうりなど夏用にアレンジしたおでんを提供するお店も多い。金沢らしいおでんダネとして注目は、日本海でとれる海の幸に加賀野菜。昆布や魚介などでだしをとったあっさりとしたツユで煮込まれている。カウンターで地元っ子やお店の人とおしゃべりを楽しみながら味わってみよう。

さあ！片町のおでん屋さんでいただいてみましょう

おでんいざかや みゆき
おでん居酒屋 三幸

うす味なのにコクがあるだしが特徴。おすすめは梅貝500円〜と車麩330円、加賀野菜の春菊440円。一品料理も充実している。
☎076-222-6117 住金沢市片町1-10-3 営16時〜22時30分LO 休日曜、祝日 交バス停片町から徒歩3分 Pなし MAP P138B4 細長い造りで気軽な雰囲気

あかだまほんてん
赤玉本店

秘伝のだしがファンをつかむ。夏には、さっぱりだしの夏おでんが登場。
☎076-223-3330 住金沢市片町2-21-2 営12時〜21時30分LO（日曜・祝日は20時30分LO、土・日曜、祝日は15〜16時休）休月曜（祝日の場合は翌日）交バス停片町から徒歩1分 Pなし MAP P138B4 片町交差点近くにある老舗

きくいち
菊一

昭和初期の面影を残す金沢一の古株で常連も多い。名物はどて焼き。11〜12月は、この店発祥のかに面も登場。
☎076-221-4676 住金沢市片町2-1-23 営17時30分〜22時30分（売り切れ次第閉店、予約不可）休火・水曜 交バス停香林坊から徒歩4分 Pなし MAP P138C3 金沢で最も古いおでん屋さん

79

どんなところ？

ひがし茶屋街と同様、藩政時代後期に茶屋街として町割りされた地域。金沢三茶屋街の中では一番規模は小さいが、観光客も少なめで、静かに散策したい人におすすめ。お茶屋文化を紹介する資料館のほか、周辺には、文豪・室生犀星の養家や記念館があるので、訪ねてみよう。

レトロなガス灯がステキ！

金沢市西茶屋資料館
かなざわしにしちゃやしりょうかん

お茶屋の外観を再現した建物で、にし茶屋街ゆかりの大正期の作家、島田清次郎に関する資料などを紹介。観光ボランティアガイドが常駐しており、ときにより近隣ガイドも可能。
☎076-247-8110 ¥入館無料 ⏰9時30分〜17時 休無休 交バス停広小路から徒歩3分 P13台(有料) MAP P81右上

お茶屋の軒下。趣ある屋号の行灯

西料亭組合事務所
にしりょうていくみあいじむしょ

レトロな雰囲気が印象的な建物は大正11年（1922）の建築。お茶屋の組合事務所で、通称「検番」。芸妓衆のお稽古場になっていて、三味線の音が聴こえることも。館内の見学は不可。
¥⏰休外観見学自由 交バス停広小路から徒歩3分 Pなし MAP P81右上

犀川大橋
さいがわおおはし
男川ともよばれる犀川に架かる。河川敷には、室生犀星にちなんだ散策道が延びる

香林坊から橋の向こうへ

小さな花街をそぞろ歩き

にし茶屋街
にしちゃやがい

にし茶屋街は、「ひがし」「主計町」と並ぶ金沢三茶屋街の一つ。約100mの通りの両側に、出格子が特徴的なお茶屋の建物が連なります。こぢんまりと、静かなたたずまいです。

access
●香林坊から　徒歩15分
●金沢駅から
【北鉄バス】兼六園口（東口）から広小路経由のバスで14分、広小路下車

問合せ
☎076-232-5555
金沢市観光協会
広域MAP P140B2

～散策途中のおすすめスポット～

妙立寺卍　広小路
広小路🚌
⑤ 手造り中谷とうふ
卍宝勝寺　● やすらぎ緑地
西料亭組合事務所
④ 甘納豆かわむら
金沢市西茶屋資料館
蛤坂　野町広小路
広小路🚌　野町西🚌
成学寺卍
大蓮寺卍
常徳寺卍　⑥ にし茶屋菓寮
南大通り　味和以
芭蕉句碑　妙慶寺卍　神明宮
室生犀星記念館
犀川　❶
ラ・ネネグース　❷
雨宝院・
❸
室生犀星展示室　犀川大橋
香林坊へ➡
N
100m

❶
犀星本人の貴重な朗読が聞ける
むろおさいせいきねんかん
室生犀星記念館
室生犀星の手紙や原稿などを展示し、その人生と作品を紹介。犀星が作詞した校歌や、犀星自身による詩の朗読音声を聞くことができる。

☎076-245-1108 ¥310円 ⏰9時30分～17時（入館は～16時30分）🈺火曜（祝日の場合は翌平日）、展示替え期間 🚌バス停片町から徒歩6分 🅿4台

❷
犀川河畔の町家で極上フレンチ
ら・ねねぐーす
ラ・ネネグース
金沢屈指のフランス料理店。町家を改装した懐かしい趣の店内で、素材を生かしたフレンチを。ランチ5800円～、ディナー1万1000円～。

☎076-243-6651 ⏰17時30分～21時30分（ランチは金・土・日曜、祝日のみ）🈺月曜 🚌バス停町から徒歩6分 🅿なし

❸
犀星文学の原点がココに
うほういん・むろおさいせいてんじしつ
雨宝院・室生犀星展示室
室生犀星が幼少期に養子となった寺院で犀星の封書などを展示。裏手に犀星が親しんだ犀川が流れ、作品に登場する杏の木が今も残る。

☎076-241-5646 ¥展示室見学300円 ⏰9～17時 🈺毎月10日 🚌バス停片町から徒歩4分 🅿なし

❹
茶屋街の女将もごひいき
あまなっとうかわむら
甘納豆かわむら
甘納豆専門店。保存料や着色料は一切使わず、素材の味を生かした甘納豆が常時15種類以上。1袋350円～。パッケージもかわいい。

☎076-282-7000 ⏰9時30分～18時（日曜、祝日は～17時）🈺第1火曜 🚌バス停広小路から徒歩3分 🅿3台

❺
豆腐屋さん自家製アイス
てづくりなかたにとうふ
手造り中谷とうふ
豆腐の製造販売店。店頭では、絹ごし豆腐を練り込んだとうふアイスクリーム370円を味わうことができる。甘さは控えめ。

☎076-241-3983 ⏰10～17時（冬期は～17時30分）🈺日曜不定休 🚌バス停広小路から徒歩3分 🅿なし

❻
老舗和菓子店の甘味を堪能
にしちゃやかりょう あじわい
にし茶屋菓寮 味和以
伝統和菓子、落雁の名店として知られる「落雁 諸江屋」の直営店。小豆や和三盆など材料にこだわった上生菓子と抹茶のセット880円。

☎076-244-2424 ⏰10～18時（12～2月は～17時30分）🈺火曜（祝日の場合は翌日）🚌バス停広小路から徒歩3分 🅿8台

にし茶屋街

･･････ ココにも行ってみましょう ･･････

だぶりゅーざか
W坂
W字のような形から名付けられた坂。井上靖の自伝的小説にも登場。
☎076-232-5555
（金沢市観光協会）MAP P141D4

ふしみじ
伏見寺
金沢の地名由来伝説に登場する、芋掘藤五郎ゆかりの寺。阿弥陀如来像は国重文。
☎076-242-2825
MAP P140C3

くたにこうせんがま
九谷光仙窯
九谷焼の窯元。皿や湯のみなどに絵付け体験1320円～。（要予約・当日可）ができる。
☎076-241-0902
MAP P140A3

📖 にし茶屋街近くの寺町は、城下町を形成する際に寺院を集めた街の一つで、約70の寺院があります。

新旧の施設が隣り合う寺町
昔も今も驚きの建築技術

所要時間
1時間20分

にし茶屋街から寺院が点在する寺町へ。おすすめは、加賀藩時代のユニークな寺院建築と建築と都市について紹介する新施設。新旧の建築巡りをテーマに散策しましょう。

和の街並みに調和するシンプルな外観

地階は企画展示室で年2回に企画展を行う

左が游心亭広間の再現展示、右が水庭

Start!

照明にも意匠を凝らしている

1

たにぐちよしろう・よしおきねん かなざわけんちくかん
谷口吉郎・吉生記念 金沢建築館

谷口親子の建築思想と
金沢の建築文化を学ぶ

金沢出身で、文化勲章受章者の建築家・谷口吉郎氏の住居跡に立つ建築ミュージアム。その長男で世界的建築家の谷口吉生氏が設計を手がけた。みどころは、吉郎氏の代表作である迎賓館赤坂離宮和風別館游心亭の広間と茶室の再現。優美な建築に感動だ。

☎076-247-3031 🏠金沢市寺町5-1-18 💴入館310円（企画展は別途）🕘9時30分〜17時（入館は〜16時30分）🈺月曜（祝日の場合は翌平日）、展示替え期間 🚌バス停広小路から徒歩3分 🅿なし MAP P140C3

2

みょうりゅうじ
妙立寺

まるで忍者屋敷のような
からくりがいっぱい！

加賀藩時代、前田利家が建立した祈願所で、寛永20年（1643）に3代利常が現在地に移転。敵の目をあざむくための仕掛けが各所に潜み、4階7層の複雑な構造に加え29の階段や落とし穴、秘密の隠し部屋などがみもの。拝観はガイドの案内付き。

☎076-241-0888 🏠金沢市野町1-2-12 💴拝観1000円（要予約、幼児不可）🕘9〜16時 🈺法要日 🚌バス停広小路から徒歩3分 🅿なし MAP P140B3

床板を外すと階段が。逃げ道や落とし穴に

井戸の中には金沢城に続く抜け道があるとか

長い年月、風雪に耐えた頑丈な構造。屋根の突端に見えるのは望楼（物見台）

食べてわかる土地の魅力ってあります

おいしい金沢へご案内

蒔絵や焼物の器に盛り付けられた伝統の加賀料理に、
地酒とともにいただきたい新鮮な日本海の魚介。
海や大地の旬の恵みのおいしさや独特の食文化を
評判の食事処で感じてみませんか？

せっかくの旅ですもの
豪華に憧れ料亭で加賀料理を

加賀百万石の城下町として栄えた金沢で、伝統と格式を受け継いできた料亭。
部屋のしつらい、器の選び方、美しいお料理の数々、どれをとっても一流です。

昼の贅沢ランチ（桜）1万3750円
季節感を映す見事な会席料理。常時20種
類前後が揃う地酒1合2000円〜と一緒に
ゆっくり味わいたい。

主計町茶屋街周辺
きんじょうろう
金城樓

料理、しつらえともに最上級、
由緒正しき料亭

明治23年（1890）、加賀藩前田家ゆかり
の邸宅を店舗として創業、金沢の食文化を
受け継ぐ料亭旅館。豊臣秀吉が愛でたとい
う銘石や樹齢数百年を超える大木を配し
た庭園が自慢。地物食材を使う会席料理を
楽しめる。

☎076-221-8188 住金沢市橋場町2-23 時11〜
20時LO 休無休 交バス停橋場町(金城樓前)からす
ぐ P10台 MAP P137D3

■玄関では迫力満点の屏
風が客人を出迎える②手
入れの行き届いた庭を囲
むように部屋を配置③落
ち着いた部屋は食事も宿
泊も可

◆予算目安
昼1人1万1000円〜 (要予約)
夜1人1万5000円〜 (要予約)

金城樓さん
て聞きました

加賀料理とお作法あれこれ

加賀料理ってなんですか？

恵まれた食材と加賀の武家文化が融
合して生まれた、金沢独自の食文化で
す。九谷焼や輪島塗、加賀蒔絵など、
伝統の技を施した器と料理のコラボも
魅力ですと5代目主人の土屋さん。

鴨じぶ
合鴨肉と野菜にあんをか
らめた郷土の味

鯛の唐蒸し
背開きにした鯛におから
煮を詰めた婚礼料理

お雑煮
上品なすまし仕立てに紅白
の丸餅が入る婚礼料理

昼会席 2万円
お昼のみの会席。加賀料理の代表のじぶ煮をはじめ、付出し、八寸と、手の込んだ料理が1品ずつ供される。

駅弁で気軽に楽しむ加賀料理

大友楼の利家御膳1300円は、じぶ煮など、加賀藩前田家に伝わる献立を現代風にアレンジしたもの。金沢駅の売店で販売している。
☎076-221-1758

寺町周辺

つば甚 （つばじん）

明治の文人にも愛された老舗料亭の粋を楽しむ

宝暦2年（1752）創業で、伊藤博文や芥川龍之介など、多くの文人墨客が訪れた、金沢屈指の老舗料亭。厳選した素材を伝統の技で磨きあげた料理は、一品一品に美が凝縮されている。眼下に犀川が流れ、四季折々の眺めも格別。

☎076-241-2181 住金沢市寺町5-1-8 ⏰11〜14時、17〜21時 休水曜 交バス停片小路から徒歩2分 P10台 MAP P140C3

◆予算目安 昼1人 2万円〜（要予約） 夜1人 2万7500円〜（要予約）

❶金沢屈指の老舗の風格を感じさせる外観 ❷庭を眺めながら、至福のひとときを

寺町周辺

料亭 穂濤 （りょうてい ほなみ）

風雅な庭を眺めながら名料亭で和の情緒を堪能

犀川の河畔にある、金沢を代表する料亭の一つ。料理、素材、器、もてなしに品格が感じられる。明治末期の建物から眺める手入れされた庭も見事。離れで食べる昼は、10品に名物のくずきりが付いた「瀬音」5000円（サービス料・室料込み）がおすすめ。

☎076-243-2288 住金沢市清川町3-11 ⏰11時30分〜13時LO、18〜19時LO 休不定休 交バス停片町から徒歩5分 P20台 MAP P140C3

◆予算目安 昼1人 5000円〜（要予約） 夜1人 1万6940円〜（要予約）

❶美しく手入れされた庭に面した和室 ❷離れでは、瀟洒な庭園を眺めながら食事を楽しめる

お昼の会席 9405円（一部）
先付、八寸、お造りなど、9品による会席料理。希望により加賀料理のじぶ煮やはす蒸しを加えることも。

どんな服装がいい？

旅行中のお食事ですので、お気軽にお楽しみいただければと思います。ただ、畳のお部屋なので、素足はご遠慮いただければありがたいです。

やっていけないことは？

お椀やお皿に箸を置くのは、「渡し箸」といってマナー違反となりますので、箸置きをお使いください。手を受け皿にするのもよくありません。

ふたはどうしたらいい？

お椀などのふたは、食べ終わったら再び閉じていただくと、きれいに見えます。器やお皿は重ねず、そのままにしておいてください。

器を渡されたら？

季節やお料理に合わせて、器も吟味したものを使っています。お召し上がりの前に、ぜひ、目でも味わっていただきたいですね。

📖「加賀料理」という言葉は、昭和32年（1957）に、文藝春秋の取材で訪れた、文筆家の吉田健一が使ったのが初めてだそうです。

野菜、お麩etc.ヘルシー食材と素敵なコラボを提案するお店へ

肥沃な平野で育った新鮮野菜、伝統の食材・麩などヘルシーな食材にも注目を。
魅力的な食材を職人技で和から洋まで、さまざまに堪能してみましょう。

野菜 × 日本料理

雑穀 × ビーガン料理

季節料理6～7種盛りの八寸 2200円
八寸の一例、香箱のはす蒸しや加賀野菜、一本ネギと牡蠣の治部煮など。※写真はイメージ

龍宮ごはんセット 1500円（要予約）
町屋塾定番、体にやさしい雑穀と地元野菜中心のビーガンランチ。ドリンク付き

香林坊周辺
はとば

八十八

カウンター8席ほか、小上がりが1部屋ある

楽しみ方自在、驚きのアレンジに感動

契約農家から野菜を仕入れ、素材の味を生かしながら調理。メニューは、和食を基本とした定番から、葛あんの中に焼いたごま豆腐を入れた鍋900円といったオリジナルまで多彩。デザートや七味まで手作りするなど、料理にかける情熱に感服。

☎076-260-8166 🏠金沢市木倉町6-6 🕐18～22時LO 🈁日曜 🚌バス停香林坊から徒歩8分 🅿なし 🗺P138B3

◆予算目安
夜1人6000円～

江戸期に建てられた町家をリノベーション

ひがし茶屋街周辺
まちやじゅく かふぇじゅういちや

町屋塾 カフェ十一夜

茶室、カウンターなどでお抹茶やコーヒーを味わえる

町家を改装した心地よい空間

昭和初期の町家を自然素材のみで再生したこだわりの詰まった店内は必見。雑穀と野菜を使った体にやさしいフードやヘルシードリンクを取り揃えている。ドリンクは栄養豊富なマヤナッツ×豆乳のマヤナッツオーレ500円が人気。

☎076-252-3176 🏠金沢市東山1-34-6 🕐12～19時（要予約）🈁不定休 🚌バス停橋場町から徒歩5分 🅿なし 🗺P137F2

◆予算目安
昼1人1500円～

ひがし茶屋街から少し路地を入ったところにある

ヘルシーで味わい深い
発酵調味料が充実

ひがし茶屋街にある**ヤマト醤油味噌
東 山 直 売所**は、創業100年余の老
舗醤油蔵直営店。味噌や醤油をはじ
め、魚醤や糀を使った調味料なども
揃う。玄米生甘酒 302円など。
☎076-251-2235 **MAP** P137F3

麩 × 郷土料理

治部煮御膳 1650円
郷土料理の治部煮は鴨肉のうま
味が凝縮。小鉢やデザートなど、
副菜も充実。

イギリス風に仕上げた
金沢カレーも人気

主計町茶屋街周辺
つぼやつぼてい
壺屋壺亭

安心・安全な素材を使った
体にやさしいランチ

佃の佃煮 本店（→P102・103）
の姉妹店。無添加にこだわり、厳
選した鴨肉と金沢特産の「すだれ
麩」を使用した、本格的な鴨治部
煮を提供。素材のうま味が凝縮し
た本格的な味が楽しめる。

☎076-223-0551 **住**金沢市尾張町
2-16-4 **⊙**11時〜14時30分LO（ショッ
プ10〜16時）**休**木曜、ほか不定休 **交**バス
停尾張町からすぐ **P**8台 **MAP** P136C2

佃煮や調味料などの販売も
行っており、みやげにも

◆予算目安
昼1人1650円〜

麩 × 日本料理

コース3300円〜
ごまやよもぎなど、4種類の生麩の刺身、
生麩のフライ田楽、車麩の巣籠りなど、
麩がさまざまにアレンジされて登場する。

女将さんが手作りする
料理が並ぶ

ひがし茶屋街周辺
みやた・すずあん
宮田・鈴庵

庭を眺める座敷で
お麩づくしランチ

加賀麩専門店の直営。料理はすべ
て女将さんの手作りで、心がこも
ったやさしい味わい。麩を使った
コース料理が揃い、美しい庭園や
奥の座敷の群青壁など、優雅な店
内も心地よい。

☎076-252-6262 **住**金沢市東山3-16-
8 **⊙**2交替制（11時30分〜、13時30分〜）
休水曜、最終日曜 **交**バス停小橋町から徒
歩2分 **P**3台 **MAP** P135F2

鮮やかな群青壁は
金沢独特

◆予算目安
昼1人3300円〜（要予約）

📖 加賀野菜の中で、特に高品質と認められたものには、黄色の加賀野菜シールが貼ってあります。近江町市場などで探してみましょう。

イキのいいネタが揃った寿司を
お値打ち価格でいただきます！

魚の旬は
P63をcheck

日本海に面し、旬の魚介類に恵まれ、鮮度もボリュームも納得の寿司が食べられる。
レベルの高い回転寿司や、カウンター寿司でも3000円台とリーズナブルな人気店を紹介。

人気No.1

もりもり三点盛 1430円
本マグロ大トロ、ジャンボボタンエビ
（ゆでた頭付き）、生ウニが楽しめる。

リピーターに人気

赤イカ三点盛 380円
赤イカの身、ミミ、ゲソを一度に
楽しめるのは鮮度抜群の地元
ならでは。

**北陸五点盛
1430円**
北陸の代表的
なネタ、ノドグロ、
ガスエビ、梅貝、
白エビなどが味
わえる。

お店のおすすめ

港直送だから鮮度抜群
バラエティ豊かな三点盛

金沢駅前のショッピング
センター内にある店

金沢駅周辺
もりもりずし かなざわえきまえてん
もりもり寿し 金沢駅前店

能登を中心に、周辺の漁港から毎朝
直送される魚介類は鮮度抜群。米酢
や醤油、水まで厳選して使用している。
3種類のネタを1貫ずつ食べられる三
点盛の種類が多く、たくさんの種類が
味わえるのがうれしい。日替わりで、
旬のネタが味わえる。

☎076-265-3510 🏠金沢市堀川新町3-1
金沢フォーラス6階 🕐11～22時LO 🈳無休
🚶JR金沢駅から徒歩3分 🅿金沢フォーラス
駐車場利用461台（有料） 🗺P134B1

リピーターに人気

近江町市場
まわる おうみちょういちばすし ほんてん
廻る 近江町市場寿し
本店

ネタの多さは随一。ノドグロ、ボタンエ
ビをはじめ、常時40種揃え、その日の
おすすめはボードでチェック。できるだ
け新鮮なものを味わってほしいと、注
文で握りたての皿を手渡ししている。

☎076-261-9330 🏠金沢市下近江町28-1
🕐8時30分～19時30分LO（日曜、祝日8時～）
🈳無休 🚶バス停武蔵ヶ辻・近江町市場から徒
歩3分 🅿近江町市場駐車場利用250台（有
料） 🗺P58④

市場の超人気店は
ネタの種類と
鮮度が自慢

明るい店内。市場内には、
ほかに3店舗ある

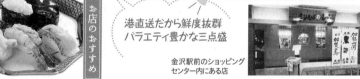

人気No.1

豪華3点盛り 1430円
富山湾産の白エビ、自慢のノドグロ、貴
重なボタンエビがのり、名前どおり豪華！

ノドグロ 792円
ほとんどのお客が注文する
という、白身の王様・ノドグ
ロの炙りはぜひ注文を。

お店のおすすめ

ガスエビ 759円
鮮度がよくないと寿司に
できないという期間限定
の貴重なエビ。

笹の葉の香りが爽やか 地元で定番のお寿司はいかが？

米や魚ひとつひとつにこだわり、丁寧に仕上げた笹寿しは、個包装のため、おみやげにもオススメ。金沢笹寿しプレミアム5個入り1080円。芝寿し金沢百番街店でどうぞ。
☎076-261-4844 (MAP)P134A1

確かな目利きで選り抜いた地どれ魚介は上ネタ揃い

金沢駅周辺
すしりゅう
寿し龍

近江町市場から旬の魚介を仕入れ、30〜40のネタを揃える。地元ネタ中心の百万石の鮨10貫（汁物付き）3800円。人気の上握り3300円。

☎076-233-3411 住金沢市笠市町9-7 ⏰11〜14時、16時〜22時30分LO 休水曜（祝日、祝前日の場合は営業）交JR金沢駅から徒歩7分 P10台
(MAP)P135D1

カウンターのほかにもゆったりとしたテーブル席（5〜6名）や座敷も

上盛り1人前半 3800円
魚介の良質さを生かした大ぶりなネタ9貫、細巻き2種の盛り合わせ

ネタの取り合わせも一興 旬味に魅了される名店

カウンター10席のみなので、事前の予約がおすすめ

季節の握り 3300円
ノドグロ、トロ炙りなど高級ネタが入る握り12貫に手巻きが付く

近江町市場周辺
だいくにずし
大國鮨

「握りたてを」という思いからカウンター席のみ。季節の握りでは、工夫された組み合わせで、2貫ずつ供される。県外のリピーターも多い。

☎076-222-6211 住金沢市西町薮ノ内通31 ⏰11時〜13時30分、17〜19時（日曜、祝日は昼のみ）休水曜 交バス停武蔵ケ辻・近江町市場から徒歩3分 Pなし (MAP)P136A3

主計町周辺
こうべえすし
幸兵衛寿司

魚介の吟味やシャリに独自の流儀あり

魚介は地物を中心に選り抜きを揃える。シャリは沸騰させた昆布だしに米を入れて炊く地獄炊きに、独自ブレンド酢でふっくらとした仕上がりが好評。

☎076-264-1553 住金沢市橋場町1-6 ⏰11時30分〜13時30分LO、16〜22時LO（土・日曜、祝日11時30分〜21時LO）休水曜、第2・4火曜 交バス停橋場町から徒歩2分 P6台 (MAP)P137D3

木の目美しいカウンター席に、足落としの小上がりと座敷

百万石の鮨 3800円
その日の仕入れで決まる握りと甘エビなどの旬のネタ10貫。汁物付き

📖 回転寿司店に欠かせないコンベアは、石川県がシェアNo.1。回転寿司人気とともにコンベアも大きな進化を遂げています。

金沢っ子に人気の海鮮居酒屋で地酒と肴を楽しみましょう

金沢に来たら、日本海のキトキトの魚介と地酒は一緒に満喫してみたいもの。
舌の肥えた地元の常連さんをうならせる人気店なら、味も雰囲気も大満足間違いなしです。

この地酒とともに

天狗舞の蔵出しミニタンク
（てんぐまい）
グラス600円
白山市の蔵元車多酒造から直送。普段は蔵でしか飲めない、できたてのお酒。

この地酒とともに

宗玄純米吟醸
（そうげん）
1合1188円
奥能登・珠洲の蔵元、宗玄酒造の酒。日本海の幸を使った料理によく合う。

この地酒とともに

池月純米
（いけづき）
1合900円
能登半島・中能登町の鳥屋酒造の酒。ふくらみのある辛口で、地元ファンも多い。

魚のおいしさを堪能 いつも大賑わいの人気店

人気メニューは七輪で焼く残酷焼き

新鮮魚介と多彩な地酒 料理自慢の繁盛店

酔っぱらい蟹2300円、ぶりかま1200円〜、日本海おさしみの桶盛り小桶2人前2600円

刺身5種盛りM3960円、ホタテやカキなどの貝類の七輪で焼くセット2420円

のど黒あぶり2592円〜（要予約）、かにみそグラタン864円、さばのぬか漬け1人前540円

香林坊周辺
いたる ほんてん
いたる 本店

地元常連や観光客でいつも混んでいるので予約がベター。香箱ガニを酒と調味料に漬け込んだ冬限定の酔っぱらい蟹など、季節限定メニューに注目。
☎076-221-4194　金沢市柿木畠3-8
17時30分〜23時LO　休日曜（月曜が祝日の場合は営業、月曜休）　バス停香林坊から徒歩5分　なし　MAP P138C3
◆予算目安　2人で9000円

カウンター越しに、料理人との会話も楽しい

片町
かわばたせんぎょてん
川端鮮魚店

魚料理専門のお店。地物の魚を中心に石川県内の漁港から直接仕入れるので、その日の入荷は天候次第。そのため、魚の種類が少ないときもあるが、鮮度と安さにびっくり。
☎076-222-3757　金沢市片町2-2-20
17時〜魚がなくなるまで　休大シケの日　バス停片町から徒歩2分　なし　MAP P138B3
◆予算目安　2人で7000円

港町のような雰囲気が楽しい、賑やかな店

金沢駅周辺
じざかな・じざけ くろや
地魚・地酒 くろ屋

旬を楽しむならココと地元の信頼が厚い店。能登や富山の港から毎朝直送する新鮮な魚と、加賀野菜などの地物素材を使ったオリジナル料理が人気。
☎076-262-0940　金沢市本町2-6-24
17〜22時LO　休日曜（月曜が祝日の場合は営業、月曜休）　JR金沢駅から徒歩5分　なし　MAP P134B3
◆予算目安　2人で9000円

1階はカウンター10席、2階はテーブル席

地元っ子気分で楽しもう！

港直送だから鮮度抜群

のどぐろ旬菜 みのりやでは、独自のルートで漁港直送のノドグロを仕入れている。のどぐろのフルコース8900円（1ドリンク付き、変動あり）。
☎076-225-7105 MAP P132C1

▼ **この地酒とともに**

竹葉 能登純米
300㎖ 900円

しっかりしたうま味とすっきりした口当たりの純米酒は揚げ物の口直しに。

奥能登の新鮮な魚介を地酒とともに

お刺身盛合せ（2人前）3000円、ハチメの丸ごと唐揚げ 1400円〜

あじらく ゆめり

味楽 ゆめり

能登町宇出津港から届く魚介が売り。能登豚あっさり角煮梅葱のせ、小麦粉を使わない小坂蓮根のグラタンなどの名物もある。
☎076-255-3999 住金沢市本町1-3-33 ⏱18時〜22時30分LO 休日曜（連休の場合は最終日のみ休み）交JR金沢駅から徒歩6分 P2台 MAP P134C3

◆予算目安 2人で1万円

カウンター9席、小上がり8席、座敷32席

▼ **この地酒とともに**

白菊純米吟醸 1合1078円
黒龍しずく 1合4015円

能登の白菊は料理を選ばない美酒。生産本数が少なく入手しづらい黒龍しずくは福井産。

趣向豊かに旬の味覚を味わう

香箱がに1980円〜、ぶりとろ刺身1650円〜、たらの白子焼1980円。すべて冬メニュー

かなざわ おくや

金澤 おくや

日本海の魚介や加賀野菜、能登牛など厳選された地元食材を生かす料理に定評がある。治部煮やドジョウ唐揚げ、加賀野菜天980円、ゲンゲ丸干し780円など、郷土の味が満載だ。
☎076-254-5610 住金沢市片町2-31-27 ⏱18〜24時LO 休日曜 交バス停片町から徒歩7分 Pなし MAP P138A3

◆予算目安 2人で1万3000円

2〜8名までのテーブル式の個室（要予約）もある

▼ **この地酒とともに**

菊姫鶴乃里
グラス700円

山廃の力強さと繊細な味を兼備、塩味の効いた肴に引けを取らない。

豊富な銘柄を揃え日本酒の魅力を発信

おつまみの盛り合わせ1700円、日本酒の飲み比べセット1000円〜

にほんしゅばる かなざわしゅしゅ

日本酒バル 金澤酒趣

店主は酒造りの神様農口尚彦氏の薫陶を受け、酒造りに長年従事。地酒をはじめ全国の酒を多数扱う。気取りのない惣菜も好ましく、日本酒初心者もくつろげる。
☎076-225-7339 住金沢市尾山町5-10 ⏱18〜23時 休火・水曜 交バス停武蔵ケ辻・近江町市場から徒歩4分 Pなし MAP P136A3

◆予算目安 2人で6000円

カウンター13席

📖 能登は代表的な杜氏集団の一つ、能登杜氏のふるさと。農閑期の出稼ぎとして始まったもので、現在は全国各地の酒蔵で活躍しています。

乙女な旅の夜は更けて
粋な町家でほろ酔い気分

旅の夜は過ぎていくのが名残り惜しくて、もう少し非日常を楽しみたいですね。
町家を利用した趣ある空間で、お酒をかたむけながらちょっぴり夜更かしはいかが？

ひがし茶屋街
ばー すいれん
BAR 粋蓮

ひがし茶屋街のメイン通りより入ったお屋を改装した落ち着いた雰囲気のバー。季節のフルーツのカクテルやワイン、モルトなどが気軽に楽しめる。2階はお茶屋になっており、時折お座敷から三味線の音が聴こえることも。

☎076-253-0112 🏠金沢市東山1-14-12 ¥18時からチャージ700円 ⏰12時〜翌1時30分LO 休無休 交バス停橋場町から徒歩4分 Pなし MAP P137E4

◆予算目安（夜）2人で5000円〜

おすすめ！夜デザート
チョコレートチーズケーキ
700円
チョコレートが濃厚な味わいのベークドチーズケーキ

情緒豊かな茶屋街でしっとり時間を過ごす

やさしいあんどんの灯り

❶あんどんが格子を照らし、ゆったりとした気分に ❷モダンな店内で、カウンターのほか、蔵を利用したテーブル席も

左が五郎島金時をのせたチーズせんべい650円、豚肉と鶏レバーのパテ600円、季節のフルーツのカクテル1200円〜

大正生まれの素敵な空間で陽気にお酒とお料理を

ひょうたんがシンボル

長町武家屋敷跡周辺
まちやだいにんぐあぐり
町屋ダイニングあぐり

居心地のよさから金沢っ子にも人気の店。1階のカウンターでひとり飲みもよし、広々とした2階で町家の雰囲気を楽しむもよし。箱庭が眺められる個室もある。旬の素材にこだわった炭火焼と釜めしも自慢だ。

☎076-255-0770 🏠金沢市長町1-6-11 ⏰18時〜23時30分LO 休月曜 交バス停南町・尾山神社から徒歩5分 Pなし MAP P138B1

◆予算目安（夜）2人で7000円〜

おすすめ！夜デザート
カタラーナとバニラアイス
500円
凍らせたブリュレの食感が最高！

黒豚の炭火焼三種盛合せ1380円、サーモンとイクラの親子釜飯1150円。手取川あらばしり1合1060円

❶ひょうたんの光窓は改装前からのもの ❷明かりが灯るときれいなシルエットが浮かぶ

お酒とともに
町家で本格会席料理を
召し上がれ

主計町茶屋街近くの御料理貴船（おりょうり　きふね）で、お酒をいただきながら会席料理はいかが。料理はおまかせコース昼5500円～、夜9240円～のみ。昼夜各4組限定（要予約）なので、早めに予約を。
☎076-220-6131 MAP P136C1

金沢グルメ ● 粋な町家でほろ酔い気分

ひがし茶屋街
てりは
照葉

ひがし茶屋街の奥にひっそりとたたずむ小粋な店で、著名人のファンも多い。ワインや日本酒をかたむけながら芸妓出身の女将とのおしゃべりを楽しみたい。
☎076-253-3791 住金沢市東山1-24-7 ¥夜はチャージ1200円 ⏰18時30分～23時LO 休日曜、祝日（連休の場合は要確認）交バス停橋場町から徒歩4分 Pなし MAP P137F4

◆予算目安（夜）2人で6000円～

夜の茶屋街を楽しむなら元芸妓さんが営むバーで

小粋な大人の空間

居心地のいい1階のカウンター

チーズの盛合せ5種2300円（1種600円～）、加賀野菜のサラダ950円。ワインはグラス950円～

白身魚のプールブランソース（白味噌風味の白ワインソース）1450円～、季節のカルパッチョ1500円など

常連客でいっぱい！

浅野川近くの住宅街にある隠れ家的な店

金沢らしい風情とジャンルレスな料理を

ひがし茶屋街周辺
いざかや　くうかい
居酒屋 空海

能登豚のルーロー飯やトリュフ風味のオムレツなど、料理はジャンルレス。ランチタイムもお酒と居酒屋メニューを揃えている。
☎076-254-1851 住金沢市東山3-14-14 ¥チャージ500円 ⏰11時30分～14時、18～22時（21時LO）休木曜 交バス停橋場町から徒歩4分 P1台 MAP P137D1

◆予算目安（夜）2人で8000円～

金沢21世紀美術館周辺
さかや　やさぶろう
酒屋 彌三郎

築およそ100年の古民家をリノベーション。店主は東京で10年間和食の経験を積み、伝統の和食から洋のエッセンスを織り交ぜた創作料理までこなす。通好みの地酒やワインなども充実。
☎076-282-9116 住金沢市本多町3-10-27 ⏰17時30分～22時30分LO 休日曜 交バス停本多町から徒歩2分 Pなし MAP P141E2

◆予算目安（夜）2人で8000円～

選び抜いた素材でひと味違う創作料理

彌三郎は曾祖父の名

彌三郎のポテトサラダ650円

全国各地の日本酒を取り寄せるほか、自然派ワインも揃う。好みを伝えれば店主が選んでくれる

📖 料理屋やバーなど、夜も気軽に楽しめるお店が多い主計町茶屋街。橋のライトアップとお店や提灯の明かりがきれいですよ。

食事やスイーツも✿な おしゃれカフェに注目

目立たないけれどセンスが光る
素敵なカフェが増えています。
ひと休みやランチにおすすめです。

心のこもった料理でゆったりランチを

主計町茶屋街周辺
にわとこ
ニワトコ

食材のおいしさを改めて感じる、丁寧に作られた料理。ホットケーキ550円は喫茶タイム限定。

☎非公開 住金沢市尾張町1-9-7-1 ◯11時30分〜17時（ランチは〜15時、喫茶15時〜）休木曜 交バス停尾張町からすぐ Pなし MAP P136C2

旬の食材がいっぱい

季節の野菜をたっぷり使用した、週替わりお昼ごはん1100円

本を愛する人のための古本屋&カフェ

ひがし茶屋街周辺
あうんどう
あうん堂

北欧風のインテリアの店内に約3000冊の古本が揃う。ママさん手作りのスイーツも好評。

☎076-251-7335 住金沢市東山3-11-8 ◯10時30分〜19時 休火・水・木曜、1月と6月に2週間休みあり 交バス停橋場町から徒歩3分 P2台 MAP P137D1

本型クッキーがかわいい

二三味ブレンドコーヒー440円、チョコレートケーキ440円

家具も食器もメニューも北欧気分を満喫

にし茶屋街周辺
くっぴ
KUPPI

北欧ヴィンテージ雑貨を扱うショップ&カフェ。ノーベル賞授賞式で供される北欧紅茶が人気。

☎076-241-3043 住金沢市野町1-1-5パレス桜通り1階 ◯12時〜17時30分（17時LO）休水曜 交バス停片町から徒歩5分 Pなし MAP P140C2

北欧風のティータイムを

シナモンロール 300円、北欧紅茶 650円

子どもから大人まで安心・安全のパンケーキ

ひがし茶屋街周辺
かふぇ たもん
Cafe たもん

パンケーキで使う米粉、食材などの多くは石川県で作られた品々。米粉は自家製粉。

☎076-255-0370 住金沢市東山1-27-7 ◯9〜17時（16時30分LO）休無休 交バス停橋場町から徒歩5分 Pなし MAP P137E1

石川県産の米粉を使用

金の米粉パンケーキ2800円

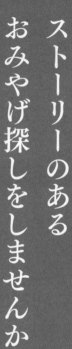

ストーリーのある
おみやげ探しをしませんか

職人技が冴える粋な伝統工芸品に美しい和菓子。
人と時間が育んできたものには物語があって、
どれも愛おしく、大切にしたいものばかりです。
金沢の素敵な旅の思い出にどうぞ。

指名買いしたい
Made in Kanazawaの逸品

伝統の技におしゃれな感性をプラスした、金沢生まれの工芸品に注目。
職人さんが1つずつ心をこめて仕上げた逸品は、旅のおみやげに最適です。

お姫様に愛された
優美で繊細な手まり

手まり上から、桜2万4750円、おも
だかに菊8250円、ニツ菊6600円

これもほしい

色鮮やかな絹糸で1
針ずつかがった指ぬ
き1個8250円〜。アク
セサリーにも◎

香林坊周辺
かがてまり まりや
加賀てまり 毬屋

加賀手まりと指ぬきの専門店。手ま
りは珠姫が将軍家からお輿入れの
際に持参し、のちに城下へ広まった
とされる。伝統的な模様から創作模
様までさまざまな種類を製作・販売、
緻密な設計図をもとに幾重にも糸を
かがって作られる。

☎076-231-7660 🏠金沢市南町5-7
🕘9時30分〜18時 休火・水曜 🚉バス停南
町・尾山神社から徒歩2分 Ｐなし
MAP P138C1

小出孝子さん
義母に手まり作りを習
い、作家に。製作の傍
ら、手まり教室も開催
している。

色とりどりの手まりや
指ぬきが並ぶ

ひがし茶屋街
のうかばんざい ざ しょっぷ ひがしやま
能加万菜 THE SHOP 東山

九谷焼や輪島塗、山中塗など地元の
工芸品から、注目の若手作家の作品
を中心にセレクト。デザイン性が高く、
普段使いしやすい品を集めており、こ
こでしか出会えない一点ものも多い。
雑貨や食品も多彩で、地元の人にも
人気がある。

☎076-213-5600 🏠金沢市観音町1-5-7
🕘10〜18時(12〜2月は〜17時) 休無休 🚉
バス停橋場町から徒歩3分 Ｐなし
MAP P137E4

個性が光る作家ものや
日常用の工芸品が揃う

ひさたえみ作のぐいのみ
3300円。縁の部分はカ
ラフルなパーツをパッチ
ワークのように組み合わ
せている

朱のロゴ入
りの白いの
れんが目印

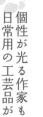
これもほしい
ひさたえみ作
の九谷焼福耳
マグカップ
3850円

多くの企業コラボレー
ションを手がける作家、
北村和義氏の作品。各
7040円

MAP P136A3

個性的で魅力的なデザイン雑貨

コニーズアイは、幅広い雑貨を集めたセレクトショップ。近江町市場からほど近い小路にあるので、のぞいてみて。ギャラリー＆カフェを併設。
☎076-204-8431 MAP P136A3

左から毛針と鳥羽のピアス4960円、ホロホロ鳥のチョーカー4320円、かわせみのピアス6480円

加賀毛針を使った可憐なアクセサリー

近江町市場周辺
めぼそはちろうべえしょうてん
目細八郎兵衛商店

金沢で最も古い針の老舗、目細八郎兵衛商店。江戸時代、武士に鮎釣りが楽しまれたことから生まれた加賀毛針の技を生かし、モダンなアクセサリーを制作・販売。オーダーメイドは4000円～。

☎076-231-6371 住金沢市安江町11-35 ⏰9時30分～17時30分 休火曜（祝日の場合は営業）交バス停武蔵ヶ辻・近江町市場から徒歩4分 Ｐ3台 MAP P136A1

杉野未侑さん
職人歴10年。アクセサリーの製作だけではなくデザインも担当。

ガラス張りの開放感あふれる外観

近江町市場周辺
いわもときよししょうてん
岩本清商店

ろくろで挽いた桐の表面を焼き、蒔絵を施した火鉢が古くから作られてきた金沢。創業約100年の金沢桐工芸の老舗の直売店で、今の暮らしに合うさまざまな桐工芸品を提案している。一番人気はちょこっとトレー。焼無地1650円と蒔絵入り4400円がある。

☎076-231-5421 住金沢市瓢箪町3-2 ⏰10時～18時30分 休火曜 交バス停明成小学校前からすぐ Ｐなし MAP P135E2

何を置いてもかわいいちょこっとトレー

ちょこっとトレー蒔絵入り4400円、蒔絵は複数種類あり
※器は含まれません

ユーモラスな表情の張子のきりん小2200円、ぞう小2200円

アンニュイな表情に癒やされる張子人形

内田健介さん
神奈川県出身。会社員を経て金沢桐工芸の職人に。

桐工芸の新たな使い方を提案している

近江町市場周辺
なかしまめんや
中島めんや

150年余り続く郷土玩具店。めんやという屋号の由来は、創業者が村芝居のお面を作っていたから。金沢で古くから愛されてきた加賀人形、干支や動物の張子人形など懐かしくてかわいらしい玩具が並ぶ。

☎076-232-1818 住金沢市青草町88（近江町いちば館地下）⏰9～18時 休火曜（祝日の場合は営業）交バス停武蔵ヶ辻・近江町市場から徒歩1分 Ｐなし MAP P136B2

森村幸二さん
職人歴約50年のベテラン。新しいデザインへも積極的に挑戦している。

愛らしい玩具が揃う

📖 中島めんやでは加賀八幡起上りの絵付け体験（所要30分～、880円～、要予約）も楽しめます。

素敵ギャラリーで探す
とっておきモダン工芸アイテム

セレクトセンスが光るクラフトギャラリーを訪ねてみませんか？
機能性はもちろん、普段の暮らしを素敵に彩るとっておきが見つかります。

真ん中から時計回りに、大迫友紀さんの小皿各2200円・グラス（参考商品）、山中漆器汁椀（参考商品）、若狭塗の箸1100円

金沢21世紀美術館周辺
せいかつざっか らいん

生活雑貨 LINE

暮らしを彩るアイテムが揃う

大きな窓からやさしい光が差し込む店内には、生活にまつわるものを中心にセレクトされ、北陸ゆかりの作家などの作品も並ぶ。

☎076-231-1135 🏠金沢市広坂1-1-50
2階 🕐11〜18時 🈺火・水曜 🚃バス停香林坊から徒歩2分 🅿なし MAP P138C3

（上段）石付きピアス3万7400円、つぶピアス8800円、石付きネックレス3万3000円（下段）竹俣勇壱スプーン・フォーク各4950円、ナイフ6380円

新竪町
きく

KiKU

繊細なアクセサリーにうっとり

古民家を改装した店内に、ゴールドやシルバーのアクセサリーを美しくディスプレイ。商品はすべてオーナーとスタッフが手作りしている。シャープなデザインのカトラリーも人気。

☎076-223-2319 🏠金沢市新竪町3-37
🕐11〜20時（火曜は予約制）🈺水曜 🚃バス停香林坊から徒歩9分 🅿なし MAP P141E3

手前と右奥が山崎裕理さんの姫だるま小鉢1980円〜とりんごマグ3190円、浦陽子さんの小皿2420円、鈴木敬夫さんの片口5280円

長町武家屋敷跡周辺
くらふとあんどぎゃらりぃ おくら

くらふと&ぎゃらりぃOKURA

蔵の中に使いやすい器がいっぱい

店名のとおり戦前に建てられた町家の蔵を改装したギャラリー。県内の作家の陶磁器、ガラス、漆器など手ごろな価格のものを多く取り揃えている。

☎076-263-3062 🏠金沢市香林坊2-10-6 🕐11〜17時 🈺水曜（祝日の場合は営業）🚃バス停香林坊から徒歩5分 🅿1台 MAP P138B1

暮しを楽しくする アートな作品がいっぱい

CRAFT A（くらふとえー）

百貨店の金沢エムザ5階にあるクラフトギャラリー。陶、漆、ガラス、金工、染織物、和紙など石川県の工芸作家をはじめ、全国各地のこだわりの商品を取り揃えている。
☎076-260-2495 MAP P135D4

彩り豊かで愛らしいおちょこ入り針さし2750円〜、400年以上の歴史があり、使いやすいと評判のめぼそ針500円

金沢21世紀美術館周辺

かなざわ・くらふとひろさか
金沢・クラフト広坂

金沢の希少な伝統工芸を発信する

金沢21世紀美術館に隣接する金沢の伝統工芸のアンテナショップ。加賀繍、加賀毛針など希少な工芸品や気鋭作家の作品を展示・販売している。
☎076-265-3320 住金沢市広坂1-2-25 金沢能楽美術館内 ⏰10〜18時 休月曜（祝日の場合は営業）交バス停広坂・21世紀美術館から徒歩5分 Pなし MAP P139D3

（上段）つばめ3.5寸皿1650円、つばめ箸置660円、つばめそばちょこ2200円、（下段）由良園のぐいのみ3万800円

近江町市場周辺

あるとら
artra

アート感覚の個性的な作品を販売

「日常にアート」「美しいものと暮らそう」がテーマのセレクトアートショップ。陶芸、金工、ガラスなど、アンティークから若手作家までの作品が揃う。
☎076-231-6698 住金沢市下堤町7アルトラビル2階 ⏰10〜17時 休日曜ほか不定休あり 交バス停武蔵ヶ辻・近江町市場から徒歩2分 Pなし MAP P136A3

手前から、お洒落な名刺入れ1320円、ドウガミスミコさんのコーヒーメジャー各1300円とマグカップ3100円などが人気

近江町市場周辺

こらぼん
collabon

温かみのある空間に並ぶ雑貨と器

金沢で一番古いアーケード街だった金澤表参道にある古い町家に、ほのぼのテイストの雑貨や器がいっぱい。金沢で活躍中の作家ものも多い。ひと休みできるカフェスペースもある。
☎076-265-6273 住金沢市安江町1-14 ⏰11〜18時 休火・木曜 交バス停武蔵ヶ辻・近江町市場から徒歩3分 Pなし MAP P136A1

📖 工芸の盛んな金沢は、作家の育成にも熱心。地元の金沢美術工芸大学や金沢卯辰山工芸工房出身の作家さんが活躍しています。

色とりどりの小さなアート
麗しの和菓子はマストバイ

古くから茶の湯の盛んな金沢は、京都・松江と並ぶ日本を代表する和菓子処。
加賀百万石の美意識が感じられる、繊細で愛らしい和菓子は、ぜひおみやげに。

※●は「あんと」（P16）、▲は「黒門小路」（P103）で買えます。

金沢の人気キャラ
起上りがもなかに

かわいいタンスの中に
きれいな色の落雁が

加賀八幡起上もなか
7個入り1350円 ●
箱に並んで見上げる起上りがキュート。
加賀八幡起上りをかたどったもなかの中
は小倉餡。
🏠金沢うら田

わびタンス
小1080円
縞模様のタンスを開けると雅
な落雁が。乙女心をギュッと
つかむかわいらしさ。
🏠落雁 諸江屋

食べるのがもったいない
可憐なモチーフ

ジューシーな味わいと
"萌え断"で人気！

まるごとみかん大福
4個入り1320円 ●
国産ミカンをまるごと包んだ
大福。旅先でのおやつにも。
🏠和菓子処 中越本店

かいちん　**小箱864円**
透明感のある淡い色が美しい寒天
菓子。「かいちん」とはおはじきのこと。
🏠石川屋本舗

La・KuGaN
12粒入り540円 ●▲
梅型のココア味の落雁。和
三盆の甘さとココアのほろ
苦さのバランスが抜群。
🏠落雁 諸江屋

コーヒーによく合う
洋菓子のような落雁

色とりどりの
かわいいキューブ

なんと直径15cm!
素朴な焼印がかわいい

もりの音
1080円
寒天の干菓子。味は抹茶やブルーベリ
ーなど4種類で、形や色合いがキュート。
🏠茶菓工房たろう 鬼川店 →P66

焼まん
大864円、小475円 ●▲
金沢の風物が焼印された大判の
酒まんじゅう。もっちりした皮が
特徴。直径15㎝の大は要予約。
🏠越山甘清堂

まんまるもなかに
カラフルゼリー

紙ふうせん
かみ
16個入り1296円 ●
丸いもなかの中に黒砂糖、レモン味な
どのゼリーが。5色の折り紙付き。
🔺 菓匠 髙木屋

おとぎ話の
パッケージが
レトロでキュート

オトギクヅユ 1個173円 ●
お湯を注ぐだけで、とろり甘い葛湯の
できあがり。おとぎ話にちなむ浮種入り。
🔺 落雁 諸江屋

しょうがの香りがふわり
ほどよい甘みが人気

しょうが餅 8個入り486円 ●
もち
しょうが風味の求肥に、和三盆糖をまぶ
したお菓子。
🔺 柴舟小出

優美な加賀友禅を
お菓子で表現

友禅ころも
ゆうぜん
4個入り810円 ● 🔺
紅色の味噌餡を羽二重餅で
包み、金箔を添えたお菓子。
甘さは控えめ。
🔺 菓匠 まつ井

ころんとした形が
愛らしいもなか

くるみ 9個入り778円 ● 🔺
一口大のもなかに自家製餡
とクルミがイン。上品な甘さ
が日本茶に合う。
🔺 清香室町

金沢みやげの定番
老若男女に愛される味

きんつば
5個入り897円 ● 🔺
地元っ子も大好きな定番。厳選した大
納言小豆を使った上品な甘さが特徴。
🔺 中田屋

まん丸ウサギが愛らしい
色とりどりの
蒸しまんじゅう

福うさぎ 6個入り972円 ● 🔺
ふく
五郎島金時や能登大
納言、棒茶、能登産か
ぼちゃや石川県産ゆ
ずを使った餡を、山芋
入りの生地で包む。
🔺 金澤福うさぎ

キラキラした透明感が
ガラス細工のよう

わり氷 1袋195円 ●
ごおり
外はカリッ、中はしっとりの食
感は、寒天を丁寧に乾燥さ
せているから。
🔺 和菓子村上

きゅっと絞った
金沢伝統の飴

飴ん子しろ 150g入り972円 ●
あめ こ
キュートな和風キャンディ。米
と大麦で作るおこし飴を独自の
製法で練り上げている。
🔺 あめの俵屋

📖 石川県民はお菓子が大好き。お菓子類の年間消費金額は金沢市が全国1位（2019〜2021年統計）。

金沢みやげ

買って帰りたい 金沢のおうちごはん

山と海に囲まれた金沢は食材に恵まれ、普段のごはんにもこだわりの逸品が。
伝統的な食文化から生まれた金沢の美味を持ち帰って、旅の余韻を楽しもう！
※●は「あんと」、▲は「黒門小路」で買えます

お湯を注ぐだけで彩り豊かなお吸いもの

ふやきおしる
たからのふ
ふやき御汁 ●
宝の麩

ふやきに穴をあけてお湯を注ぐと、中から彩り豊かな麩や野菜が広がり、お吸いもののできあがり。

1個 249円〜
加賀麩不室屋

新鮮野菜のピクルスをサラダ感覚で！

かなざわぴくろす
金澤ぴくろす ●

6種類の野菜を黒酢入り調味酢であっさりと仕上げた酢漬け。新鮮野菜ならではのシャキシャキ感がポイント。彩りもきれい。

100g入り432円
四十萬谷本舗
しじまやほんぽ

食後の一杯に香ばしい棒茶を

かがぼうちゃ
加賀棒茶 ▲

明治35年（1902）に誕生した加賀棒茶は、一番茶の茎を使い焙じている。やわらかな味と香ばしさがクセになる。

かんばやしかなざわちゃほ
上林 金沢茶舗

3g×14個入り648円

3種類の佃煮を少しずつ味わえる

ひとりひとり
一人ひとり ●

山椒ちりめん、磯ぐるみ、魚の花の3種の佃煮を食べきりサイズでセットに。味は厳選した素材を使った本格派。お試しにもぴったり。

かなざわ　あじ　つくだ　つくだに
金沢の味 佃の佃煮

3種（合計80g）入り648円

炙りの香ばしさととろける脂が絶妙

ぶりのたたき
鰤のたたき ●▲

上質なブリの表面を職人が丁寧に炙り、うま味が凝縮された一品。わさび醤油やポン酢でいただくか、カルパッチョなどでも。

いみ　うしおや
逸味 潮屋

100gあたり 1080円

ご飯がすすむ深い味わい

ふぐのこぬかづけ
ふぐの子糠漬 ●

石川県でのみ作ることができる珍味中の珍味。フグの卵巣を2〜3年漬け込んだもので、酒の肴にもぴったり。軽く焼いてもおいしい。

かなざわほくちん　こう　しょう
金澤北珍 肴の匠

100gあたり 850円

「黒門小路」ってこんなところ

銘菓・工芸品などの買い物が楽しめる百貨店が手がけるセレクトショップ。市内観光地へのアクセスも抜群。
☎076-260-1111（代表）🏠金沢市武蔵町🕙10〜19時🈺不定休🚏バス停武蔵ヶ辻・近江町市場からすぐ🅿指定駐車場（有料） MAP P135D4

百貨店、金沢エムザの1階

●金沢百番街あんと☞P16

魚の糠漬は金沢伝統の保存食

6個セット2570円

こんか漬 NoKA ●

こんかと塩で漬けた保存食。こんかとは米糠のことで、サバやフグ、ブリなどを漬け込む。カット済みのミニサイズセットはご飯やお茶漬け、酒の肴にぴったり。
ぶった農産

ごはんのおとも 花きんじょう ●▲

秘伝のみそ漬「金城漬」の大根・ナス・キュウリ・しょうがを細かく刻み、食べやすくアレンジ。ご飯のおとも、お茶漬けやおにぎりの具、チャーハンにも。
四十萬谷本舗

ご飯と相性抜群で、アレンジもいろいろ

100g 540円

能登食材を使用したリッチな佃煮

各60g 864円

佃の宝箱 ●

佃の宝箱シリーズは「能登かき山椒風味」「能登ふぐポン酢仕立て」「能登産しいたけ使用牛肉の佃煮」の3種。贈答用にも。
金沢の味 佃の佃煮

石川のおいしいお酒たち

❶鹿野酒造「KISS of FIRE」720㎖ 4320円 ▲
❷福光屋 純米吟醸原酒「金澤」720㎖ 1807円
❸中村酒造「AKIRA」オーガニック純米 720㎖ 2365円
❹白藤酒造「純米吟醸「白菊」720㎖ 2420円
❺やちや酒造「加賀の紅ほっぺのお酒（リキュール）」500㎖ 2288円

┊電車の待ち時間にちょっと┊

日本酒が味わえるカウンターで一杯

金沢駅構内にある百番街「あんと」のお酒売り場には日本酒を楽しむことができるスペースがある。つまみも付いてパー気分で日本酒が味わえる。飲んで気に入ったらおみやげに購入できる。
金沢地酒蔵
☎076-260-3739
MAP P134A1

店員との会話も楽しめる

本日のお試し3銘柄 華（金沢セット）1000円

📖 雪国の金沢の伝統食は、食料の乏しい冬を越すため、糠や醤油を使った保存食が多いんです。

ひゃくまんさんグッズを持ち帰ろう

石川県観光PRマスコットキャラクターのひゃくまんさんがグッズになって登場。文房具や菓子など、いろいろなグッズがあるからチェックしよう。

甘エビとコシヒカリの香ばしさがおいしい

1袋6枚入り 486円

甘エビせんべい
あまえびせんべい

自家栽培のコシヒカリと、甘エビのうま味が引き立つせんべい。一枚一枚包装した袋にも「ひゃくまんさん」が描かれている。

ここで販売 金沢百番街 ぶった農産
☎076-256-0177 **MAP** P134A1

檜の香りがただよう升で日本酒を味わいたい

カップ：200㎖ 各330円
升：1個 418円

ひゃくまん一合木升
ひゃくまんいちごうきます

福正宗 ひゃくまんカップ 辛口・旨口
ふくまさむね ひゃくまんかっぷ からくち・うまくち

気軽に純米酒が楽しめるワンカップのラベルにひゃくまんさん。一合升もいかが。酒はすべて純米造り。

製造元：福光屋 ふくみつや
ここで販売 金沢百番街 金沢地酒蔵☞P103 **MAP** P134A1

ご当地カレーのパッケージにも

1個 540円

三徳屋 金沢カレー
みつとくや かなざわかれー（れとるとかれー）
（レトルトカレー）

濃厚な味のルーが特徴の金沢カレーは一度食べたらヤミツキ。ひゃくまんさんの絵柄が入ったパッケージで持ち帰ろう。

製造元：三徳屋
ここで販売 わらじ屋本店 ☎076-223-5008
MAP P138A2

缶のふたを開けても愛らしいはちまんさん

1缶5個入り 600円

はちまんさん
はちまんさん

さわやかなアップルジンジャー味の落雁。缶も落雁もはちまんさん。食べた後は小物入れとして役立つ。

ここで販売 金沢東山・百番屋
☎076-254-6181
MAP P137D1

石川県のアイコンひゃくまんさん

県の郷土玩具で縁起物の「加賀八幡起上がり」をモチーフにした石川県の観光PRマスコットキャラクター「ひゃくまんさん」。県の文化を詰め込んだ絢爛豪華なデザインと丸いフォルムがキュート。街なかで見つけたら幸運が訪れるかも!?

金沢駅のひゃくまんさん

金沢駅構内の観光案内所の入口でひゃくまんさんに会える。動くひゃくまんさんが付近にお出ましすることも

ほっこりくつろげる場所へ
私にぴったりの宿探し

朝から晩まで金沢観光をめいっぱい満喫するなら、
疲れを癒やしてくれる宿選びにもこだわりたいもの。
個性派から使い勝手のいいホテルまで
とっておきのお宿をご紹介します。

金沢ステイを特別なものに 個性派ホテルが続々オープン

金沢の伝統文化を感じたり、ワーケーションステイをしたり・・・。
あなたに合ったユニークなホテルに泊まって、旅をもっと楽しもう！

近江町市場周辺

くむ かなざわ ばい ざ しぇあ ほてるず

KUMU 金沢 by THE SHARE HOTELS

「金沢の伝統を汲む場所」をコンセプトに誕生したホテル。茶の湯や禅など、金沢の伝統文化を未来につなぐサロンとして親しまれている。イベントやワークショップなどが多彩に開催され、共有スペースではアート鑑賞も。

☎076-282-9600 ⓘ金沢市上堤町2-40 ⓧバス停南町・尾山神社からすぐ Ⓟなし MAP P136A3 ●全47室 ●2017年8月オープン

伝統文化と新たな交流を育む話題のリノベーションホテル

個性派ポイント

毎週土曜には、地元のDJとともにミュージックバー「MUSIC & CO.」を開催。

① 造形美あふれるカフェスペース ② ツインベッドと畳スペースがあるジュニアスイート ③ 宿泊者専用のティーテーブル。お茶を飲みながら交流が楽しめる

金沢駅周辺

はいあっと せんとりっく かなざわ／はいあっと はうす かなざわ

ハイアット セントリック 金沢／ハイアット ハウス 金沢

金沢の地ならではの体験を満喫できる「ハイアット セントリック 金沢」。隣接する「ハイアット ハウス 金沢」は暮らすように滞在できるくつろぎの空間。

☎【ハイアット セントリック 金沢】076-256-1234【ハイアット ハウス 金沢】076-256-1235 ⓘ金沢市広岡1-5-2 ⓧJR金沢駅からすぐ Ⓟなし MAP P134A1 ●【ハイアット セントリック 金沢】全253室【ハイアット ハウス 金沢】全92室 ●2020年8月オープン

ハイアットが北陸初進出金沢駅西口近くに立つ2つのホテル

個性派ポイント

「ハイアット ハウス 金沢」のキッチンを備えた客室は、中長期滞在にも最適。

① 金沢の伝統工芸や歴史をモチーフにした客室（ハイアットセントリック金沢）② ハイアット セントリック 金沢（写真左）、ハイアット ハウス 金沢（写真右）③ 北陸の豊かな食材を愉しめるダイニング

🏠部屋食 💆エステ有 🚭禁煙ルーム有 ♨大浴場有 💻インターネット有 🧍ひとり宿泊OK

近江町市場周辺

りんなす かなざわ

LINNAS Kanazawa

デンマーク語で「満ち足りた」を意味する"ヒュッゲ"をコンセプトに、館内着やアメニティにいたるまで快適さを追求。サウナ、地元食材を使った炭火焼きレストランを併設。

☎なし（問合せは kanazawa@linnas-design.com）🏠金沢市尾張町1-2-8 🚌バス停武蔵ヶ辻・近江町市場から徒歩5分 🅿なし MAP P136C2 ●全46室 ●2021年4月オープン

1 寝心地抜群のシモンズのベッドを配置 2 広いシェアキッチン 3 ワーケーション向けの作業スペース完備のラウンジ

CHECK
✛1泊素泊まり料金✛
1室6000円～
✛時間✛
IN15時、OUT10時30分

個性派ポイント

セルフロウリュウを楽しめるプライベートサウナは2時間6000円で4名まで（要予約）。

金沢駅周辺

かなざわまちやけんろく

金沢町家兼六

築140年以上、国の登録有形文化財になった町家が宿泊施設に生まれ変わった。昭和初期に看板建築として改装された建物は、古き良き日本を感じながらも最新の設備が整い、快適に過ごすことができる。ホテルや旅館とは違った町家ならではの趣を存分に味わいたい。

☎090-9764-3977 🏠金沢市昭和町9-10 🚌JR金沢駅から徒歩5分 🅿1台 MAP P134A3 ●一棟貸し ●1938年改装

1 加賀藩の下級武士が住んでいたという屋敷 2 玄関を入った先にある茶の間 3 金石街道沿いに立つ洋風の外観

CHECK
✛1泊素泊まり料金✛
2万円～
（2名利用時）
✛時間✛
IN14時、OUT10時30分

個性派ポイント

土壁や梁、柱は当時のものがそのまま残る2階寝室。調度品はほぼアンティーク。

ひがし茶屋街

ほてる らしくかなざわ

HOTEL らしく金沢

茶屋街に奥ゆかしくたたずむ町家造りのホテル。木の香りが漂う館内の随所に金箔や加賀友禅などの伝統文化が取り入れられ、金沢らしさがあふれる。雅な空間で極上のステイを。

☎076-287-0012 🏠金沢市東山1-4-7-1 🚌バス停橋場町から徒歩3分 🅿7台（満車の場合はホテル横コインパーキング利用）MAP P137E1 ●全15室 ●2021年5月オープン

1 全室異なるデザインの客室 2 小上がりタイプのツインルーム 3 石川県で育った木を使用した建物

CHECK
✛1泊素泊まり料金✛
1万5000円～
✛時間✛
IN15時、OUT10時

個性派ポイント

茶屋街を思わせる石畳と、縁付金箔を使用した華やかな金箔組子細工のエントランス

観光拠点に便利な
金沢のホテル

アクティブに観光を楽しむなら
金沢駅前や街なかのホテルが便利。
サービスも充実しています。

えーえぬえーくらうんぷらざほてるかなざわ
ANAクラウンプラザホテル金沢

ラグジュアリーステイを満喫
JR金沢駅兼六園口(東口)そばのシティホテル。安眠のためのアロマやアメニティなど、女性にうれしいサービスが充実。ロビーや客室などのデザインは、ラグジュアリーな雰囲気が漂う。全室Wi-Fiが無料。**DATA**☎076-224-6111 🏠金沢市昭和町16-3 🚹JR金沢駅から徒歩1分 🅿44台(1500円) ¥シングル1万3000円～、ツイン2万3000円～(要問合せ)🕐IN15時、OUT11時 ●全249室 ●2008年9月改装

ほてるにっこうかなざわ
ホテル日航金沢

全客室が17階以上で眺望抜群
地元伝統工芸作家のアートワークが客室を彩るリュクスフロアや、2020年に誕生した最上級フロアのニッコーフロア、上品で落ち着いた内装のコンフォートなど、客室タイプが多彩。全客室が17階以上にあり、金沢の街並みや夜景を一望できる。朝食バイキングは、洋食だけでなく和食も充実している。**DATA**☎076-234-1111 🏠金沢市本町2-15-1 🚹JR金沢駅から徒歩3分 🅿378台 MAPP134B2 ¥要問合せ(変動制)🕐IN15時、OUT12時 ●全253室

ほてるかなざわ
ホテル金沢

部屋もベッドも快適な広さ
金沢駅のすぐそばに立ち、観光にもビジネスにも便利。バスルームは広めでゆったりとしている。最上階のラウンジからは金沢市街地が見渡せ、金沢駅を眼下に眺められる夜景も見事。**DATA**☎076-223-1111 🏠金沢市堀川新町1-1 🚹JR金沢駅から徒歩1分 🅿100台(1泊1000円) MAPP134B1 ¥シングル1万4000円～、ツイン2万6000円～ 🕐IN15時、OUT11時 ●全163室 ●2022年春改装

うぃあいんかなざわ
ヴィアイン金沢

駅の改札口からすぐのホテル
JR金沢駅にあり、交通至便。金沢百番街で食事や買い物も楽しめる。藍・黄土・草・古代紫・臙脂の加賀五彩を取り入れたロビーや客室は、落ち着いた雰囲気で心地よい。無料Wi-Fi完備。**DATA**☎076-222-5489 🏠金沢市木ノ新保町1-1 🚹JR金沢駅直結 🅿400台(12時間ごと440円) MAPP134A1 ¥シングル6000円～、ツイン1万1000円～ 🕐IN15時、OUT10時 ●全206室 ●2015年4月リニューアルオープン

だいわろいねっとほてる かなざわみやび
ダイワロイネットホテル 金沢MIYABI

金沢の伝統文化を宿にいながら体感
金沢の観光名所や伝統工芸をモチーフにしたデザインが随所を彩る、リゾートホテル感覚の都市型ビジネスホテル。金沢らしい和の情緒あふれる大浴場で旅の疲れも癒やせる。客室は、成巽閣の折上天井がモチーフ。**DATA**☎076-223-6186 🏠金沢市広岡1-3-37 🚹JR金沢駅から徒歩3分 🅿34台(1泊1400円) MAPP132B1 ¥ツイン8000円～ 🕐IN14時、OUT11時 ●全177室 ●2019年10月オープン

てんねんおんせんかがのゆうせん どーみーいんかなざわ
天然温泉加賀の湧泉ドーミーイン金沢

温泉が自慢のデザイナーズホテル
最上階の天然温泉大浴場が好評のデザイナーズホテル。客室やロビー、大浴場にさりげなくアート作品が飾られている。夜鳴きそばの無料サービス(21時30分～23時)もうれしい。Wi-Fi無料。**DATA**☎076-263-9888 🏠金沢市堀川新町2-25 🚹JR金沢駅から徒歩2分 🅿74台(1泊1200円) MAPP134B1 ¥シングル8000円～、ツイン(1人)8500円～ 🕐IN15時、OUT11時 ●全298室 ●2006年11月オープン

かなざわまんてんほてるえきまえ
金沢マンテンホテル駅前

露天感覚の大浴場でプチ温泉気分
マッサージチェアを備えたハリウッドツインルーム、ゆったりベッドのデラックスダブルルームが好評。風呂は、ハーブミストサウナ付きの大浴場や露天風呂を備える。1階に自由に使える無料パソコンあり。**DATA**☎076-265-0100 🏠金沢市北安江1-6-1 🚹JR金沢駅から徒歩5分 🅿134台(1泊1000円) MAPP132C1 ¥シングル7000円～、ツイン1万2000円～ 🕐IN14時、OUT10時 ●全509室 ●2011年12月改装

🚭禁煙ルーム有 ♨大浴場有 💆エステ有 💻インターネット有 🧳ひとり宿泊OK

近江町市場周辺

みついがーでんほてるかなざわ

三井ガーデンホテル金沢

自慢の大浴場・食事で旅の疲れを癒やす

加賀友禅をモチーフにした組子の光壁など、金沢の伝統を生かした空間が魅力。地元作家の作品や最上階の展望大浴場で、上質なくつろぎを体感できる。加賀野菜や能登豚など地元の食材を使ったおばんざい朝食は、伝統工芸の器による盛り付けも楽しめる。**DATA** ☎076-263-5531 **住**金沢市上堤町1-22 **交**バス停南町・尾山神社から徒歩2分 **P**なし **MAP**P136A3 **¥**ツイン1万1000円～ **⊕**IN15時、OUT11時 ●全158室 ●2019年1月オープン

金沢駅周辺

かなざわ さいのにわほてる

金沢 彩の庭ホテル

金沢の四季にふれるホテル

四季を感じる4つの庭園を備えた新しいホテル。全室ゆったりとした広さの客室。加賀野菜をはじめ地元食材にこだわった朝食や白山水系の伏流水を使う湯屋、伝統工芸作品の展示など、金沢らしさが堪能できる。**DATA** ☎076-235-3128 **住**金沢市長田2-4-8 **交**JR金沢駅から徒歩15分(金沢駅より無料送迎バスあり) **P**20台 **MAP**P132A1 **¥**シングルユース2万1100円～、ツイン1万4500円～ **⊕**IN14時、OUT11時 ●58室(洋34室、和洋24室) ●2015年3月オープン

近江町市場周辺

ほてるいんたーげーとかなざわ

ホテルインターゲート金沢

上質な空間&食で旅を特別に

「最高の朝をお届けするホテル」をコンセプトに、上質なサービスを提供するホテル。金沢らしい空間デザインや食で地域の魅力を発見できる。ビュッフェ形式の朝食は焼きたてパンと野菜中心のメニューが約50種。地元食材を使用した地域メニューもある。**DATA** ☎076-260-7200 **住**金沢市高岡町2-5 **交**バス停南町・尾山神社からすぐ **P**なし **MAP**P136A3 **¥**シングル7290円～、ツイン1万2690円～ **⊕**IN15時、OUT11時 ●全166室 ●2019年3月オープン

香林坊周辺

へんなほてるかなざわ こうりんぼう

変なホテル金沢 香林坊

恐竜ロボットがお出迎え

「世界初のロボットが働くホテル」としてギネス世界記録に認定された「変なホテル」が、金沢に登場。館内ではロボットのおもてなしや最新システムで快適な時間をサポートする新感覚のホテルだ。**DATA** ☎050-5210-5310 **住**金沢市香林坊1-2-32 **交**バス停香林坊から徒歩2分 **P**1台 **MAP**P138C1 **¥**ダブル5500円～、ツイン6000円～ **⊕**IN15時、OUT11時 ●全131室 ●2019年12月オープン

金沢駅周辺

ほてるまいすていずぷれみあかなざわ

ホテルマイステイズプレミア金沢

歴史的風情が残る街の癒やし空間

街並みとの調和を重視し、畳のある客室など和のテイストを取り入れた内装。ビジネスホテルには珍しく全室32㎡以上あるゆったりとした広さで、快適空間を演出。共有設備として、フィットネスジムやライブラリーが無料で利用できる。**DATA** ☎076-290-5255 **住**金沢市広岡2-13-5 **交**JR金沢駅から徒歩5分 **P**45台(有料1泊1100円) **MAP**P132B1 **¥**シングル6000円～、ツイン8000円～ **⊕**IN15時、OUT11時 ●全244室 ●2014年11月オープン

近江町市場周辺

えーえぬえーほりでい・いんかなざわすかい

ANAホリデイ・イン金沢スカイ

金沢らしい和を感じる客室

和のテイストを取り入れた落ち着いた内装で、客室はスーペリア、デラックスなどから目的に合わせて選べる。全客室に高速インターネット回線を無線LAN環境で整備。金沢の街並みが望めるレストラン・バーも人気。**DATA** ☎076-233-2233 **住**金沢市武蔵町15-1 **交**バス停武蔵ヶ辻・近江町市場から徒歩1分 **P**620台(有料) **MAP**P135D4 **¥**シングル8000円～、ツイン1万4000円～(変動制) **⊕**IN14時、OUT11時 ●全101室 ●2014年3月全室改装オープン

香林坊

とうよこいんかなざわけんろくえんこうりんぼう

東横INN金沢兼六園香林坊

無料の朝食サービスあり

繁華街にあり、観光や食事にアクセス抜群。炊き込みご飯や惣菜、パンなどが選べるバイキング形式の「手作り健康朝食」が無料で味わえる。全室LANを備える。**DATA** ☎076-232-1045 **住**金沢市香林坊2-4-28 **交**バス停香林坊から徒歩すぐ **P**先着120台(1泊500円、16時～翌10時) **MAP**P138B1 **¥**シングル5700円～、ツイン9200円～ **⊕**IN16時、OUT10時 ●全422室 ●2007年10月オープン

香林坊

かなざわとうきゅうほてる

金沢東急ホテル

主要観光地が徒歩圏内で便利

兼六園や金沢21世紀美術館など主要観光地が徒歩圏内。女性にうれしい多彩な宿泊プランにも注目。13～15階はラグジュアリーフロアを設置し、セキュリティタイプの客室を用意。**DATA** ☎076-231-2411 **住**金沢市香林坊2-1-1 **交**バス停香林坊から徒歩1分 **P**200台(1泊17時～翌10時1200円) **MAP**P138B2 **¥**要問合せ **⊕**IN14時、OUT11時 ●全227室

金沢の宿・ホテル ● 観光拠点に便利なホテル

109

1泊2日で半島の先端
禄剛埼灯台を目指しましょう

✚能登半島

日本の原風景ともいえる景観や文化が残り、世界農業遺産に認定された能登半島。のどかな里山やダイナミックな海岸など、変化に富んだ風景と、能登丼などのご当地グルメが楽しみ。広い半島をまわるには1泊2日は必要。

●能登ドライブ ☞P120

【access】
輪島へは、JR金沢駅から北鉄奥能登バス輪島特急で2時間輪島駅前(道の駅 輪島 ふらっと訪夢)下車。
和倉温泉へはJR金沢駅から七尾線特急1時間、和倉温泉駅下車後、北鉄能登バス和倉温泉行きで5分、和倉温泉バスターミナル下車。

金沢から日帰りのアクセス圏
1泊して温泉でのんびりも 🌸

✚加賀温泉郷

北陸を代表する4つの名湯がある加賀温泉郷。九谷焼のふるさと・山代温泉、渓谷美が楽しめる山中温泉、白山を望む柴山潟湖畔の片山津温泉、北陸最古の歴史をもつ粟津温泉と、個性豊かな温泉が集まる。

●山代温泉 ☞P112
●山中温泉 ☞P116

【access】
JR金沢駅から北陸本線特急で26分、加賀温泉駅下車。
加賀温泉駅から加賀温泉バス温泉山中線で山代温泉まで13分、山中温泉まで32分。
※金沢市内から1日2便、加賀温泉バス「加賀ゆのさと特急」あり。山代温泉西口まで1時間15分、山中温泉まで1時間27分。

約112km
特急バス
2時間

禄剛埼灯台

輪島

白米千枚田

能登半島

見附島

能登空港
(のと里山空港)

九十九湾

のと里山空港IC

ヤセの断崖

能登金剛・
巌門

能登島

和倉温泉

和倉IC

七尾IC

約72km
鉄道(特急)
1時間

氣多大社

千里浜IC
千里浜なぎさ
ドライブウェイ

氷見北IC

N
0   10km

直江津へ↗

高岡

親不知↗

北陸新幹線

内灘IC

富山

金沢西

金沢

福光

富山空港
(富山きとき空港)

富山県

約60km
鉄道(特急)+バス
39分

東海北陸自動車道

小松

石川県

小松空港

片山津温泉

粟津温泉

加賀

山代温泉

加賀温泉郷

東尋坊

山中温泉

約5km
バス19分

JR北陸本線

福井県

福井

敦賀へ↙

大本山
永平寺

越前大野へ↙

郡上八幡へ↘

ワンポイント

🚌 **観光バスなどを利用するのも一案**

金沢発で輪島や千里浜なぎさドライブウェイなどを巡る能登エリアの定期観光バス「わじま」号。加賀温泉駅基点で山代、山中、片山津の温泉地や加賀の観光スポットを巡る周遊バス「キャン・バス」などがある。

☞「わじま号」P128
☞「キャン・バス」P128

🚗 **能登観光は断然レンタカーが便利**

特に列車やバスの本数が少ない能登は、効率的にまわるにはレンタカーが便利。小松空港や能登空港、金沢駅付近に各レンタカー会社の窓口がある。航空券やJRチケットと合わせて申し込むとお得な場合が多いので、チェックしてみて。

☞P129

せっかくの旅ですもの
金沢観光の翌日はひと足延ばして

北へ行けば爽やかな海景色が魅力の能登半島、
南には石川県内随一の湯処、加賀温泉郷があります。
北陸の小京都・金沢とはまた違った趣の、
もうひとつの旅を楽しんでみませんか？

魯山人が愛した九谷焼のふるさと
山代温泉を歩いてみましょう

開湯1300年の温泉地で、芸術家・北大路魯山人が九谷焼を学んだ場所としても有名。
九谷焼のショップや魯山人の草庵を訪ねたら、古総湯でほっこりがおすすめです。

■ステンドグラスを通して差し込む光が幻想的 ■こけら葺きの屋根がひときわ目を引く

加賀山代温泉古総湯
かがやましろおんせんこそうゆ

レトロ感が新鮮な山代の象徴

山代温泉2番目の総湯。ステンドグラスの明かり窓や九谷焼のタイルを使う内装など、明治時代の総湯を再現している。水道のカランやシャワーもなく、石鹸類は使用不可。

☎0761-76-0144 ㊟加賀市山代温泉18-128 ¥500円（総湯と共通700円）◯6～22時 ㊡第4水曜の6～12時 ㊢バス停山代温泉から徒歩3分 ㋛100台 MAP P112⑥

●アクセス
JR加賀温泉駅から、加賀温泉バス温泉山中線で山代東口まで11分、山代温泉まで13分、山代西口まで15分
問合せ 山代温泉観光協会☎0761-77-1144
広域図 折込マップ裏B8

魯山人寓居跡 いろは草庵
ろさんじんぐうきょあといろはそうあん

稀代の芸術家の足跡をたどる

元は旅館の別荘で、北大路魯山人が半年間滞在し、刻字看板の創作を行った場所。仕事部屋の公開のほか、企画展を開催。

☎0761-77-7111 ㊟加賀市山代温泉18-5 ¥560円 ◯9～17時（入館は～16時30分）㊡水曜（祝日の場合は開館）㊢バス停山代温泉から徒歩6分 ㋛あり MAP P112⑤

魯山人が宿の看板を彫っていた様子を再現

はづちを茶店
はづちをちゃみせ

地元の食材を地元の器で

地元の素材にこだわった軽食やスイーツを、九谷焼や山中塗など地元の器で味わえる。クリーム白玉ぜんざい1000円なども人気。

☎0761-77-8270 ㊟加賀市山代温泉18-59-1 ◯9時30分～18時(11～2月は～17時) ㊡水曜（祝日の場合は営業）㊢バス停山代温泉から徒歩3分 ㋛3台 MAP P112④

おさんぽのヒント

所要 半日

温泉街はコンパクト。バス停山代温泉を中心に立ち寄りスポットが徒歩圏内に点在。散策の最後は総湯か古総湯で名湯を楽しんで。

バス停 山代温泉 ▶ 徒歩2分 ▶ ①九谷焼窯元須田菁華 ▶ 徒歩1分 ▶ ②うつわ蔵 ▶ 徒歩2分 ▶ ③九谷焼体験ギャラリーCoCo ▶ 徒歩1分 ▶ ④はづちを茶店 ▶ 徒歩3分 ▶ ⑤魯山人寓居跡いろは草庵 ▶ 徒歩2分 ▶ ⑥加賀山代温泉古総湯 ▶ 徒歩3分 ▶ バス停 山代温泉

かがやましろおんせんそうゆ
加賀山代温泉総湯
広い湯船でのんびり入浴

こちらは石鹸利用OK

庭を望む2種類の浴槽があり、明るくて開放的な総湯。営業時間、休みなどは古総湯と同じ。
☎0761-76-0144 ￥460円
MAP P112A1

● カクテルバー＆カフェ SWING
● ゆのくに天祥 P115
● 瑠璃光
② うつわ蔵
① 九谷焼窯元須田菁華 P
九谷焼窯跡展示館
③ 九谷焼体験ギャラリーCoCo
山代東口
真菰池
栗津温泉へ
100m

①草もちぜんざい1000円（加賀棒茶付き）
②店の近くには山代温泉源泉の足湯もある

老舗宿の直営店で当主が選んだ器が並ぶ

うつわぐら
うつわ蔵
気鋭の地元作家の器をみやげに

明治時代の土蔵を改装した落ち着いた雰囲気の店内に、地元作家の九谷焼や山中塗、全国の焼物をズラリとディスプレイ。洗練された品揃えに定評がある。飯碗1客2000円前後～。
☎0761-77-1919 住加賀市山代温泉通り1-3 時9時～17時30分（昼休憩あり）休木曜 交バス停山代温泉から徒歩3分 P5台 MAP P112②

くたにやきかまもとすだせいか
九谷焼窯元須田菁華
魯山人が学んだ九谷焼の名窯

九谷焼の伝統工法を守り続ける名窯。魯山人が初代菁華に作陶を学んだことでも知られる。畳敷きの店内には美しい色絵や染付の磁器が並び、県外からも多くのファンが訪れる。魯山人が彫った看板にも注目。
☎0761-76-0008 住加賀市山代温泉東山町4 時9～17時 休不定休 交バス停山代温泉から徒歩2分 P3台 MAP P112①

皿や湯呑みなど、いずれも1万円前後～

染付から色絵まで繊細な手描きで仕上げる

くたにやきたいけんぎゃらりーここ
九谷焼体験ギャラリーCoCo
九谷焼を見て買って体験もOK

九谷焼の若手作家の作品を販売しているほか、制作工程の見学も。好みの器を選べる所要約1時間30分の絵付け体験1500円～も楽しい。
☎0761-75-7116 住加賀市山代温泉18-115甲1 時9～17時30分 休木曜（祝日の場合は営業）交バス停山代温泉から徒歩3分 Pなし MAP P112③

古総湯の一番風呂利用者に配られる「一番札」。特に、ぞろ目の日の人気が高いそうです。

山代温泉で泊まるなら
リピーターが多い憧れ名宿へ

風格漂う老舗旅館から隠れ家的な宿まで、さまざまな名宿が揃う山代温泉。
料理、サービスetc. 宿泊客を魅了してやまない理由があるようです。

べにや無何有
べにやむかゆう

全室に露天風呂があり、温泉に浸かりながら山庭の四季の表情が楽しめる。館内には大浴場のほか、図書室なども備えており、非日常的な空間でくつろぎのひとときを過ごせる。地物の魚介や鴨などを使った夕食も評判。

☎0761-77-1340 ⓰加賀市山代温泉55-1-3 🚌バス停山代東口から徒歩6分 ⓰送迎あり（要予約）Ⓟ15台 ⓜⒶⓅP112B1 ●全16室(和6、洋2、和洋6、特別2) ●2006年9月改装 ●泉質：ナトリウム・カルシウム硫酸塩温泉 ●内湯2 露天2 貸切なし

山庭を望む露天風呂が全客室に
ラグジュアリーなひとときを

CHECK
+1泊2食付き料金+
平日4万6130円〜
休前日5万2180円〜
+時間+
🕐IN15時、OUT11時

リピーターに人気

薬師山
トリートメント
中医学や薬草学などを取り入れた施術。70分2万4200円〜（要予約）。

❶ゆったりとしたロビーでは山庭の四季の移ろいを楽しんで ❷一部の客室の壁には珪藻土や柿渋染めの和紙を使う ❸繊細な味付けの料理も特徴の一つ

あらや滔々庵
あらやとうとうあん

当主が大聖寺藩の湯番頭も務めたという老舗旅館。代々集められた古美術品や現代アートが館内を彩り、たびたび逗留した北大路魯山人作の衝立や刻字濡額など、貴重な品々も鑑賞できる。食事で供される器にも注目を。

☎0761-77-0010 ⓰加賀市山代温泉18-119 🚌バス停山代温泉から徒歩3分 ⓰JR加賀温泉駅から送迎あり（要予約）Ⓟ15台 ⓜⒶⓅP112B1 ●全17室(和17) ●2004年2月改装 ●泉質：ナトリウム・カルシウム - 硫酸塩・塩化物泉 ●内湯3 露天2 貸切なし

魯山人の美術品が迎える品格と落ち着きの空間

CHECK
+1泊2食付き料金+
平日4万1800円〜
休前日4万6200円〜
+時間+
🕐IN14時、OUT11時

リピーターに人気

目にもおいしい
器使い
山中塗、九谷焼の作家作品のほか、魯山人の写しなども使われる。

❶魯山人らに愛され、今も人気の高い「御陣の間」 ❷源泉を五感で楽しむ特別浴室「烏湯」 ❸魯山人作「暁烏の衝立」が飾られた玄関ロビー。館内はすべて畳敷き

源泉かけ流し 🏠部屋食 💆エステ有 🚭禁煙ルーム有 ♨大浴場有 👤ひとり宿泊OK

平日8250円のリーズナブルな宿

湯快リゾート山代温泉彩朝楽は平日1泊2食付き8250円〜。情緒ある古代檜風呂が自慢です。料理は種類も豊富なバイキング形式。
☎0570-550-078 **MAP**P112A1

かい かが
界 加賀

新しい感性が息づく加賀伝統の温泉宿。登録有形文化財の建築と、九谷焼や加賀水引などが随所にちりばめられた客室が人気。
☎0570-073-011（界予約センター）🏠加賀市山代温泉18-47 🚌バス停山代温泉から徒歩3分 🅿35台 **MAP**P112A1
●全48室（露天風呂付18室、和室30室）●2015年10月改装 ●泉質：ナトリウム・カルシウム‐硫酸塩・塩化物泉 ●内湯2 露天2 貸切なし

伝統とモダンが融合する約390年前創業の老舗旅館

加賀の伝統的な建築様式、べんがら格子が印象的なたたずまい

器と料理の調和
美食家北大路魯山人の思想が生きる会席料理。冬はカニ料理も。

リピーターに人気

CHECK
‡1泊2食付き料金‡
平日3万1000円〜
休前日4万1000円〜
‡時間‡
🕐IN15時、OUT12時

はとり
葉渡莉

大浴場と貸切風呂それぞれに、檜造りと石造りの湯船を備える。料理は加賀産食材の旬にこだわった月替わり会席。館内の天然木や和紙が癒やしの雰囲気を演出する。
☎0761-77-8200 🏠加賀市山代温泉温泉通り17 🚌バス停山代東口から徒歩1分 🚐送迎あり（要予約）🅿100台 **MAP**P112B1 ●全67室（和55、和洋12）●2018年6月一部改装 ●泉質：アルカリ性単純温泉 ●内湯4 露天2 貸切2

木のぬくもり、葉のやさしさ天然素材にこだわる和みの宿

露天風呂付きの和洋室タイプ

茶寮 烏月
落ち着いた空間の食事処で加賀の旬の食材を月替わり会席で味わえる。

旬の恵みを堪能する

CHECK
‡1泊2食付き料金‡
平日1万8700円〜
休前日2万8600円〜
‡時間‡
🕐IN15時、OUT11時

ゆのくにてんしょう
ゆのくに天祥

山代では珍しく自家源泉をもち、湯量が豊富。露天風呂付き客室も用意され、全室スイートの特別フロアがある。地物を使う料理も好評。
☎0761-77-1234 🏠加賀市山代温泉19-49-1 🚌バス停山代東口から徒歩3分 🚐送迎あり（要予約）🅿300台 **MAP**P113C1 ●全156室（和73、和洋33、他50）●2018年10月改装 ●泉質：アルカリ性単純温泉 ●内湯3 露天3

自家源泉の3つの大浴場で多彩な湯船をめぐる

3種類ある大浴場は男女入替制なので、18の湯船をすべて楽しめる

会席料理
加賀の伝統料理と薬膳を取り入れたオリジナル料理が評判だ

リピーターに人気

CHECK
‡1泊2食付き料金‡
平日2万円〜
休前日2万8200円〜
‡時間‡
🕐IN15時、OUT10時

📖／山代温泉は潤いとハリを与える「美肌泉質」。源泉を使った石鹸やミストが人気です。各旅館の売店で販売しています。

爽やかな渓谷散策が楽しみ
山中温泉をふら〜りおさんぽ

福井との県境にほど近い山峡のいで湯で、鶴仙渓沿いに温泉街が細長く続きます。
四季折々に美しい渓谷の散策、ショップが並ぶゆげ街道など、そぞろ歩きが楽しいです。

➕ やまなかおんせんそうゆきくのゆ
山中温泉総湯菊の湯

深めの浴槽で芯までぽかぽか

女湯は山中座に併設し、向かい側の建物が男湯。足湯や、温泉玉子作り3個270円も人気。

☎0761-78-4026 🏠加賀市山中温泉湯の出町 ¥入浴460円 ⏰6時45分〜22時30分 休無休 🚌バス停山中温泉BT（バスターミナル）から徒歩10分 Ⓟ19台 MAPP116❹

❶浴槽は立ち湯で、気泡も出る ❷温泉街の街並みと調和し、風情を醸す建物

川床でスイーツはいかが？

山中出身の道場六三郎考案のスイーツは加賀棒茶付きで各600円（席料込み）。

➕ かくせんけい
鶴仙渓

大聖寺川のせせらぎと渓谷美を満喫

こおろぎ橋〜あやとりはし〜黒谷橋の間に約1.3kmの遊歩道が続き、新緑、紅葉と四季の渓谷美を堪能できる。4〜11月にはあやとりはしのそばに川床がオープン。

☎0761-78-0330 🏠加賀市山中温泉河鹿町（あやとりはし）¥散策自由（川床は加賀棒茶付席料300円）⏰川床は9時30分〜16時 休川床は4月1日〜11月30日実施、無休（雨天時は中止の場合あり）、メンテナンス休業あり 🚌あやとりはしへはバス停山中温泉BTから徒歩10分 Ⓟあやとりはしたもと駐車場利用20台 MAPP116❶

❶渓谷の緑が映える川床。道場レシピのスイーツでひと休み ❷鶴仙渓に架かる総檜造りのこおろぎ橋 ❸モダンなデザインが特徴のあやとりはし

加賀温泉駅へ➡

Ⓐ 吉祥やまなか P118
西桂木町 山中温泉文化会館
白山神社
白鷺大橋
花紫 黒谷橋
山中温泉バスターミナル
山中温泉本町
医王寺
❺ 東山ボヌール
P119 かよう亭
❹山中温泉総湯菊の湯（女湯）白鷺湯たわらや
❸山中座 山中本町 P119
❷手作り餃子 長樂
松浦酒造つくしや
山中局
菊の湯前
❹山中温泉総湯菊の湯（男湯）
壽經寺
❷
恩榮寺 燈明寺
ゆげ街道 364
🦋 胡蝶 P119
あやとりはし
川床
長谷部神社
こおろぎ橋 39
❶鶴仙渓
永平寺へ ❸
こおろぎ町
こおろぎ橋
無限庵
みやこわすれの宿こおろぎ楼 P118

N 100m

粟津温泉へ➡

おさんぽのヒント

所要半日

鶴仙渓は、ゆっくり散策すると所要1時間ほど。こおろぎ橋から河畔を歩く鶴仙渓遊歩道は土と石ころの道。履き慣れた靴で歩こう。

山中温泉バスターミナル
↓ 徒歩15分
バス停 こおろぎ橋
↓ 徒歩2分
❶ 鶴仙渓
↓ 徒歩2分
こおろぎ橋
↓ 徒歩15分
川床
↓ 徒歩2分
あやとりはし
↓ 徒歩6分
❷ 手作り餃子 長樂
↓ 徒歩2分
❸ 山中座
↓ 徒歩すぐ
❹ 山中温泉総湯菊の湯
↓ 徒歩10分
❺ 東山ボヌール
↓ 徒歩3分
山中温泉バスターミナル

+
ひがしやまぼぬーる
東山ボヌール

森を眺めてカフェタイム

旅館の建物を改装したカフェ。自家製スイーツのほか、ビーフシチューライスセット1650円などこだわりメニューも充実。絵本の展示や、セレクトみやげのコーナーもある。

☎0761-78-3765 住加賀市山中温泉東町1丁目ホ19-1 時9～17時 休木曜 交バス停山中温泉BTから徒歩3分 P山中温泉BT前 無料観光駐車場利用 MAPP116❺

❶素朴な味わいの森のケーキ420円、コーヒーは500円～
❷セレクトみやげコーナーで品選びを

●アクセス
JR加賀温泉駅から加賀温泉バス温泉山中線で山中温泉バスターミナルまで30分
問合せ ☎0761-78-0330
山中温泉観光協会
広域図 折込マップ裏B8

+
てづくりぎょうざ ちょうらく
手作り餃子 長樂

名物餃子をランチでいかが

食通の地元っ子も太鼓判を押す中国料理店。注文を受けてから皮を作る餃子6個517円は特におすすめ。熟成麺の酸辣湯麺858円も人気。

☎0761-78-1087 住加賀市山中温泉湯の本町ラ21 時11時30分～13時30分、17時～21時30分 休木曜 交バス停山中温泉BTから徒歩5分 P2台 MAPP116❷

❶肉と野菜がたっぷり詰まった手作り餃子 ❷こだわりの餃子を楽しめる、人気の中国料理店

+
やまなかざ
山中座

山中節の調べに酔いしれる

緑を帯びた瓦が特徴の優雅な建物。ロビーでは、伝統工芸・山中漆器の技を駆使した豪華な格天井や柱が目を引く。週末には芸妓による民謡山中節の唄と踊りが堪能できる。

☎0761-78-5523 住加賀市山中温泉薬師町ム1 時8時30分～22時 休無休 交バス停山中温泉BTから徒歩10分 P30台 MAPP116❸

❶週末になると優雅な唄声が聴こえてくる ❷舞台には豪華な山中漆器が施されている

ひと足延ばして●加賀温泉郷／山中温泉をおさんぽ

📖 松浦酒造つくしや（MAP/P116A2）の名物、酒粕ソフト400円は食べ歩きに人気。アルコールゼロなので子どもでもOKです。

鶴仙渓の景勝、すがすがしい森の緑
宿泊は絶景お宿がおすすめです

温泉街沿いを南北に続く鶴仙渓や、その周辺の森にたたずむ粋な宿が多い山中温泉。
客室や露天風呂から、爽やかな自然を眺めて癒やされること請け合いです。

みやこわすれのやど こおろぎろう
みやこわすれの宿
こおろぎ楼

こおろぎ橋のたもとに立つ創業約130年の宿。オーナーシェフが腕をふるう料理が評判で、ズワイガニや天然鮎など、自ら出かけてとってくる地物の旬の食材が楽しめる。客室は和・和洋などがあり、全室から渓谷が望める。
☎0761-78-1117 ⬛加賀市山中温泉こおろぎ町ロ140 ⊗山中温泉BTから車で4分 🚌送迎あり（要予約）🅿10台 **MAP**P116A3 ●全6室（和1、和洋5）●2014年7月貸切露天風呂完成 ●泉質：カルシウムナトリウム - 硫酸塩泉 ●貸切露天あり

> **一人で楽しむなら**
>
> 自分へのご褒美！お1人様7万1500円〜
> 一人旅でも日本旅館で1泊可能。団体客がいない宿で、料理や温泉、おもてなし、渓谷の景色などをゆっくりと独り占め。
> ●要予約

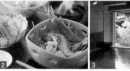

CHECK
✛1泊2食付き料金✛
平日・休前日ともに
3万950円〜
✛時間✛
◉IN14時、OUT11時

1 渓谷美を望む離れ・露天風呂付き客室 2 釣りたて、とりたての味が楽しめる 3 貸切露天風呂では渓谷が一望できる

オーナーシェフが採取・吟味した山海の幸をたっぷり味わう

きっしょうやまなか
吉祥やまなか

渓流を望む露天風呂、貸切風呂や足湯などが揃う湯宿。料理は加賀能登会席や鉄板焼を堪能。ウエルカムパンケーキや湯上りビール、色浴衣、山中節の夕べ、選べる朝食など、無料のおもてなしがうれしい。北陸最大級のスパでは金銀箔エステが体感できる。
☎0761-78-5656 ⬛加賀市山中温泉東町1-ホ14-3 ⊗山中温泉BTから徒歩3分 🚌送迎あり（要予約）🅿20台 **MAP**P116A1 ●全44室（和41、洋3）●2007年4月開業 ●泉質：カルシウム・ナトリウム - 硫酸塩泉 ●内湯2 露天2 貸切3

> **館内のおすすめ**
>
> 吉祥スパ／フェイシャル（30分）6600円
> 自然療法をベースに、デトックスを中心とした各トリートメントを行う吉祥スパが好評。
> 🕐12〜21時最終受付 休なし ●要予約

CHECK
✛1泊2食付き料金✛
平日2万3500円〜
休前日2万9100円〜
✛時間✛
◉IN14時、OUT11時

女性向けのサービスが充実 エステは最新のスパ設備で

1 マイナスイオンたっぷりの白鷺の湯 2 金＆銀箔ボディコースは1万3200円〜（要予約）3 宿泊者サービスの、焼きたてパンケーキとティー

🏞源泉かけ流し 🏠部屋食 💆エステ有 🚭禁煙ルーム有 ♨大浴場有 🧳ひとり宿泊OK

米にもこだわる料理自慢の宿
料理のおいしさで知られる厨八十八は1泊2食付き3万950円〜。厳選した材料と丁寧な下ごしらえで、自慢の手作りの味を食べられる。☎0761-78-8080 **MAP** 折込マップ裏B8

しらさぎゆたわらや
白鷺湯たわらや

創業約800年、鶴仙渓ほとりの老舗宿。野天風呂、ロビー、客室から望む渓谷の景色に癒される。夕食は朝どれ魚介など地物たっぷりの加賀会席席。

☎0761-78-1321 ⬛加賀市山中温泉東町2-ヘ-1 🚉山中温泉BTから徒歩4分 🚌送迎あり（要予約）Ⓟ60台 **MAP** P116A2 ●全48室（和44 和洋3 露天風呂付和洋1）●2014年8月一部改装 ●泉質：カルシウム-ナトリウム-硫酸塩 ●内湯2 露天2 貸切1

鶴仙渓の景色に心洗われ、瀬音の響く湯船に和む

渓谷の季節を体感できる野天風呂。湯量は山中温泉随一

CHECK
┿1泊2食付き料金
平日1万6650円〜
休前日2万2150円〜
┿時間┿
🕐IN15時、OUT11時

館内のおすすめ
貸切風呂（45分）3300円
30名が入れる広さの野天風呂&内湯が大好評。
🕐15〜24時、6〜11時
休なし●要予約

こちょう
胡蝶

昭和初期建築の旧家を生かした純和風旅館。露天風呂付き客室や浴場「川かぜの湯」からは鶴仙渓とあやとりはしが望める。九谷焼で味わう料理にも定評がある。

☎0761-78-4500 ⬛加賀市山中温泉河鹿町ホ-1 🚉山中温泉BTから徒歩7分 🚌送迎あり（要予約）Ⓟ30台 **MAP** P116A2 ●全10室 ●泉質：カルシウム・ナトリウム-硫酸塩泉 ●内湯2 露天1 貸切1

四季折々の名勝鶴仙渓やあやとりはしの景観に感動

窓からは鶴仙渓の自然美が一望できる

CHECK
┿1泊2食付き料金
平日3万2050円〜
休前日3万5350円〜
┿時間┿
🕐IN14時、OUT12時

日帰りで楽しむなら
夕食&入浴プラン 1万6550円〜
2名以上で利用可。
🕐17〜21時 休なし●要予約

かようてい
かよう亭

黒谷橋近くの森の中にたたずむ宿。ムダを取り払った閑静な宿で国内外のVIPが顧客。食事のおいしさにも定評がある。

☎0761-78-1410 ⬛加賀市山中温泉東町1-ホ-20 🚉山中温泉BTから徒歩4分 🚌送迎なし（タクシー手配あり）Ⓟ15台 **MAP** P116A1 ●全10室（和8・和洋2）●1978年築 ●泉質：カルシウム・ナトリウム-硫酸塩泉 ●内湯2 露天1 貸切なし

1万坪の敷地に10室 贅を尽くした憧れの宿

大自然を映すガラス張りの大浴場

CHECK
┿1泊2食付き料金┿
平日・休前日ともに5万7350円〜
┿時間┿
🕐IN13時、OUT12時

健康滞在のおすすめ
2泊3日プラン
さわやかな朝の目覚めや正しい食事、温泉入浴、鶴仙渓の自然散策などでアンチエイジングが期待できる。

ひと足延ばして
●
加賀温泉郷／山中温泉の絶景宿

「山中温泉ファンクラブ」http://www.yamanaka-spa.or.jp/fanclub/は会費無料で加盟店割引などが受けられます。

海辺の景勝地をぐるっと
能登半島シーサイドドライブ

1泊2日

日本海に突き出た能登半島は、雄大な景色を満喫できる絶好のドライブルート。
金沢駅周辺でレンタカーを借りて、ぐるり半島一周ドライブの旅へ出発しましょう。

① 8:30
金沢駅

車は金沢駅周辺で借りて、能登空港で乗り捨てが便利。空港で返却OKのニッポンレンタカー、日産レンタカー、トヨタレンタリース石川がおすすめ。料金目安は2日間で1万5000円ほど。

START!

県道 県道
299 **60**
のと里山海道
（内灘IC～今浜IC）
約34km、1時間

1日目
総距離約116km
走行時間3時間40分

🚙ドライブワンポイント
能登半島の外浦（西側）の絶景を巡る1日。長い砂浜から奇岩奇勝まで、わき見運転に注意しながら、さまざまな海岸美を楽しんで。道幅が狭いところもあるので、運転は慎重に。
広域MAP 折込マップ裏A～F1～4

空の青と海の藍、砂のサンドベージュのコントラストが美しい

② 9:40
ちりはまなぎさどらいぶうぇい
千里浜なぎさ
ドライブウェイ ❶

**世界でも珍しい
車で走れる砂浜！**

粒子の細かい砂が水分を含んで固く締まるため、二輪車から大型バス

まで走行が可能な砂浜。潮風を浴びながら波打ち際をドライブする爽快感は格別。夕日も絶景。
☎0767-22-1118（羽咋市商工観光課）
🏠羽咋市千里浜町～宝達志水町今浜
💰通行無料 ⏰通行自由 ☂天候により通行規制あり 🚗のと里山海道今浜ICからすぐ
🅿なし

一般道300m

③ 10:20
みちのえき のとちりはま
道の駅 のと千里浜 ❷

**自然栽培の米や野菜など
能登名産がずらり**

羽咋の農産物や地元の銘菓をはじめ、能登半島のみやげが一堂に揃う。イノシシ料理が食べられるレストランや、世界でも活躍する柴野さんのマルガージェラートショップなどを併設。無料のタイヤシャワーあり。
☎0767-22-3891 🏠羽咋市千里浜町タ1-62 ⏰9～18時（12～3月は～17時）
🈺第2・4水曜 🚗のと里山海道千里浜ICから約0.3km 🅿166台

一番人気のグラン・ピスタチオ530円

自然栽培の羽咋米2合650円

地元農家の新鮮野菜も販売している

ランチのおまかせコース2300円の一例

🕐 12:00

とらっとりあ しげぞー

trattoria Shigezo ④

能登の食材を吟味した
本格イタリアン

能登の食材に精通したシェフが自ら海で魚を釣り、山で山菜やキノコをとって本格イタリアンとして提供するため、コストパフォーマンスが抜群。

☎0767-32-3714（カーナビ検索は住所で）
住志賀町高浜町ヰ34-1 🕐11～14時LO、17時～21時30分LO（コース予約のみ対応）休月曜（祝日の場合は翌日）交のと里山海道西山ICから約5km ℗12台

県道 **36**
約13km、30分

遊覧船からは洞門を間近に見ることができる

🕐 13:30

がんもん

巌門 ⑤

荒波がつくり出した
自然の洞門

巨大な岩に幅6m、高さ15m、奥行き60mの洞門がぽっかり開いた様子は、自然の力の大きさを感じさせる。遊覧船（☎0767-48-1233、所要20分1200円、冬期運休）も運航。

☎0767-42-0355（一般社団法人 志賀町観光協会）住志賀町富来牛下 ¥休見学自由 交のと里山海道西山ICから約16km ℗100台

県道 **36** 国道 **249** 県道 **49**
約18km、35分

🕐 15:00

やせのだんがい

ヤセの断崖 ⑥

思わず足がすくむ
スリル満点の絶壁

松本清張原作の映画『ゼロの焦点』のロケ地にもなった断崖絶壁。海面からの高さが35mもあり、展望台の柵越しから眺めてもスリル満点。すぐ近くには義経の舟隠しもある。

☎0767-42-0355（一般社団法人 志賀町観光協会）住志賀町笹波 ¥休見学自由 交のと里山海道西山ICから約35km ℗12台

遊歩道と展望台が設置されている

国道 **249** 県道 **36**
約10km、20分

 国道 **249**
約6km
11分

🕐 11:00

けたたいしゃ

氣多大社 ③

恋する乙女は大注目！
恋愛成就を神様にお祈り

万葉集にも登場する、歴史ある神社。日本海を見下ろして立つ。試練をのり越え愛する人と結ばれた大国主命を祭ることから縁結びで知られる。毎月1日は縁結びのお祓いが無料で受けられる。

☎0767-22-0602
住羽咋市寺家町ク1-1
¥拝観無料 🕐8時30分～16時30分（7月21日～8月31日は～18時）休無休 交のと里山海道柳田ICから約2km ℗300台

デザインが愛らしいきれい結び守は祈願料込みで2000円

本殿や拝殿、神門などは国の重要文化財

県道 **49** 国道 **249** 県道 **38**
約35km、1時間

🕐 16:45

わじまおんせんやしお

輪島温泉八汐 ⑦

日本海を一望する高台で
湯浴みを楽しむ

袖ケ浜を望む高台にあり、朝夕で男女入替制の露天風呂や大浴場から海を一望できる。和・洋風の貸切風呂も好評。夕食の会席料理では、いしるの貝焼きが組み込まれたコースも。

☎0768-22-0600 住輪島市鳳至町袖ケ浜1 ¥1泊2食付1万9950円～ 🕐IN15時、OUT10時 交能越自動車道のと里山空港ICから約17km ℗40台

露天風呂（男女入替制）からは漁火が見えることも

P122へつづく
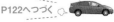

📖 志賀町の増穂浦海岸にある世界一長いベンチ（MAP/P120中央左）は、なんと長さ460.9m！

海辺の景勝地をぐるっと 能登半島シーサイドドライブ

P121からの つづき

🚗 **8:45**
輪島温泉八汐

県道 **38** 国道 **249**
約2km、8分

店の人との交流も楽しみの一つ。上手くいけば値引きしてくれることも

🕘 **9:00**

わじまあさいち
輪島朝市 ⑧

食べて、買って掛け合いも楽しい

鮮魚や干物、民芸品など、およそ200軒もの露店が並ぶ。おまけ交渉など、売り手のおばちゃんとのやりとりも楽しい。8時ごろには店が出揃うので、品数豊富なうちに訪れておきたい。

☎0768-22-7653 🏠輪島市朝市通り ⏰8〜12時ごろ 休第2・4水曜（実施の場合もあり）🚃能越自動車道のと里山空港ICから約15km Ⓟ600台

輪島産のフグやサバなどのほか、全国から新鮮な魚が集まる朝市

2日目 総距離約 105km 走行時間 3 時間 45 分

❶ドライブワンポイント

能登半島の先端・禄剛埼灯台を目指すドライブ。景勝地間に距離があり、思いのほか移動に時間がかかるので、能登空港の帰りの飛行機に乗り遅れないよう、時間配分に気をつけよう。

広域MAP 折込マップ裏A〜F1〜4

国道 **249**
約11km、25分

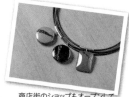
商店街のショップもオープンしており、坂本漆器店では輪島塗のネックレスを販売

🕚 **11:00**

しろよねせんまいだ
白米千枚田 ⑨

海沿いの斜面に広がる 美しい幾何学模様

海に面した斜面に、1面あたり約18㎡の水田が密集し、階段状に広がる棚田。稲の緑が鮮やかな初夏、黄金色に染まる収穫期の美しさは圧巻。隣接する千枚田ポケットパークから眺めよう。

☎0768-23-1146（輪島市観光課）🏠輪島市白米町 ¥💰休見学自由 🚃のと里山海道のと里山空港ICから約35km Ⓟ51台

奥能登屈指の景勝地。千枚田ポケットパークから撮影するのがおすすめ

🕚 11:20

国道 **249** 県道 **28**
約26km、52分

かっぽう たきみてい
割烹 滝見亭 ⑩

能登の海の幸がどっさりの丼

さっぱりと仕立てた酢めしに、季節替わりの魚介が10種類以上ものった能登海鮮丼2200円が名物で、通年味わえる人気メニュー。食べごたえも十分で、割烹らしい手間ひまかけた下ごしらえや繊細な盛り付けも目を引く。

☎0768-32-0437 🏠珠洲市真浦町カ14 🕐11〜15時、17〜20時 🈺第2・4水曜 🚗能登自動車道のと里山空港ICから約35km 🅿15台

奥能登で展開中の「能登丼」の一つ

国道 **249** 約10km、20分

🕐 13:10

ろっこうさきとうだい
禄剛埼灯台 ⑪

半島の最先端に立つ明治レトロな建造物

海越しに朝日と夕日の両方が見える、能登最先端に立つ白亜の灯台。明治16年（1883）に造られ、歴史的価値の高さから、「日本の灯台50選」に選ばれている。

☎0768-82-7776（珠洲市観光交流課）🏠珠洲市狼煙町イ-51 🕐🈺外観は見学自由（内部は年に数回公開）🚗能越自動車道のと里山空港ICから約62km 🅿道の駅 狼煙利用110台

海と空の青に白亜の灯台が映える

県道 **28** 県道 **52** 県道 **12** 国道 **249**
約22km、50分

🕐 14:20

みつけじま
見附島 ⑫

海岸にぽっかり浮かぶ軍艦のような小島

見付海岸の沖合に浮かぶ無人島。岸へと迫りくる軍艦に見えることから、軍艦島ともよばれる。引き潮の時には、島のそばまで続く石積みの道を歩ける。

☎0768-82-7776（珠洲市観光交流課）🏠珠洲市宝立町鵜飼 🕐🈺見学自由 🚗能登自動車道のと里山空港ICから約38km 🅿200台

見附島の名は弘法大師がこの島を最初に見つけたことに由来

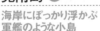

国道 **249** 県道 **26** 県道 **288**
県道 **57** 県道 **303**
約34km、1時間15分

国道 **249** 県道 **26** 県道 **288**
県道 **57** 県道 **303**
能越自動車道・能登有料道路・田鶴浜道路（のと里山空港IC〜和倉IC）、県道47号ほか／約80km、2時間30分

🏳️ GOAL

もう1泊するなら

🕒 15:45

のとさとやまくうこう
のと里山空港

1階のレンタカーカウンターでキーを返却。会社によって乗り捨て料金を支払い、手続き完了。

🕔 17:00

わくらおんせん かがや
和倉温泉 加賀屋

「プロが選ぶ日本のホテル・旅館100選」で常に上位にランクインしている名宿。一流のおもてなしを体験。

☎0767-62-4111 💴1泊2食付3万3000円〜 🕐IN15時、OUT10時 🚗能越自動車道和倉ICから約4km 🅿500台

ひと足延ばして ● 能登半島シーサイドドライブ

ⓘ 交通ガイド

金沢・能登・加賀への交通

北陸の中心都市金沢へは鉄道、飛行機、高速バスを利用してアクセスできる。
旅行プランや予算に合わせ、選んでみよう。

🚇 鉄道 − RAIL −

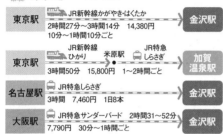

東京駅	JR新幹線かがやき・はくたか 2時間27分〜3時間14分　14,380円 10分〜1時間10分ごと	金沢駅
東京駅	JR新幹線ひかり　→米原駅　JR特急しらさぎ 3時間50分　15,800円　1〜2時間ごと	加賀 温泉駅
名古屋駅	JR特急しらさぎ 3時間　7,460円　1日8本	金沢駅
大阪駅	JR特急サンダーバード　2時間31〜52分 7,790円　30分〜1時間ごと	金沢駅

💡 プランニングのヒント

東京から東海道新幹線で米原へ、金沢経由で、北陸新幹線を使い、東京へ戻る一周乗車券を買って、往復のアプローチに変化をつけてみては？ 途中下車も楽しいかも。

✈ 飛行機 − AIR −

東京 羽田空港	ANA　JAL 1時間〜1時間5分	小松空港
札幌 新千歳空港	ANA 1時間35分	小松空港
福岡空港	ANA　ORC 1時間25分	小松空港
沖縄 那覇空港	JTA 2時間10分	小松空港
東京 羽田空港	ANA 55分	のと里山 空港

💡 プランニングのヒント

東京羽田空港からの路線を除くと便数が少ない。早めにチケットを手に入れよう。料金は各社のホームページで。

🚌 空港からのアクセス

●小松空港から金沢駅へ…北鉄バス　40分　1,150円
●のと里山空港から輪島へ…北鉄奥能登バス　24〜32分　590円

🚌 高速バス − BUS −

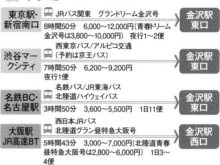

東京駅・ 新宿南口	JRバス関東　グランドリーム金沢号 8時間50分　6,000〜12,000円(青春ドリーム 金沢号は3,800〜10,000円)　夜行1〜2便	金沢駅 東口
渋谷マー クシティ	西東京バス/アルピコ交通 (予約は京王バス) 7時間50分　6,200〜9,200円 夜行1便	金沢駅 東口
名鉄BC・ 名古屋駅	名鉄バス/JR東海バス 北陸道ハイウェイバス 3時間50分　3,600〜5,500円　1日11便	金沢駅 東口
大阪駅 JR高速BT	西日本JRバス 北陸道グラン昼特急大阪号 5時間43分　3,000〜7,000円(北陸道青春 昼特急大阪号は2,800〜6,000円)　1日3〜 4便	金沢駅 西口

💡 プランニングのヒント

交通費を節約したいなら高速バス利用がおすすめ。バスのタイプ(座席3列、4列など)によって運賃が違ったりする。また、掲載した以外の発着地もある。

🎫 おトクなきっぷ

●えきねっとトクだ値(JR東日本)
　東京駅〜金沢駅　12,760円(通常期・片道)
JR東日本の「えきねっと」のサイトから、乗車前日までにパソコンやスマホなどで申し込む。会員登録が必要だが、北陸新幹線が座席数限定で約10%割引になる。

●北陸観光フリーきっぷ(JR東海)
　名古屋(市内)から　16,230円
フリーエリアまでの往復に、特急しらさぎと特急ひだの普通車指定席を片道ずつ利用するきっぷ(名古屋〜米原間は新幹線指定席利用も可)。4日間有効。4/27〜5/6、8/10〜19、12/28〜1/6は利用できない。

●金沢・加賀・能登ぐるりんパス(JR西日本)
　大阪(市内)から16,300円、京都(市内)から14,770円、神戸(市内)17,310円
2人以上・前日までの購入限定。JR西日本ネット予約〔e5489〕でのみ発売。フリーエリアまでの往復の特急普通車指定席券と、24カ所の観光施設入場、JR・城下まち金沢周遊バスやキャン・バスなどのバスが乗り降り自由(フリーエリア内の特急自由席利用可)がセット。3日間有効。

☎ 問合先

鉄道
●JR東日本
☎050-2016-1600
●JR東海
☎050-3772-3910
●JR西日本
☎0570-00-2486

飛行機
●ANA(全日空)
☎0570-029-222
●JAL(日本航空)/
JTA(日本トランスオーシャン航空)
☎0570-025-071
●ORC(オリエンタルエアブリッジ)
☎0570-064-380

バス
●JRバス関東
☎0570-048905
●京王バス
☎03-5376-2222
●名鉄バス
☎052-582-0489

●JR東海バス
☎0570-048939
●西日本JRバス
☎0570-00-2424
●北陸バス(予約センター)
☎076-234-0123

●北鉄バス(テレホンサービス)
・北鉄金沢バス
・北鉄奥能登バス
・北鉄能登バス
・北鉄加賀バス
・北鉄白山バス
☎076-237-5115

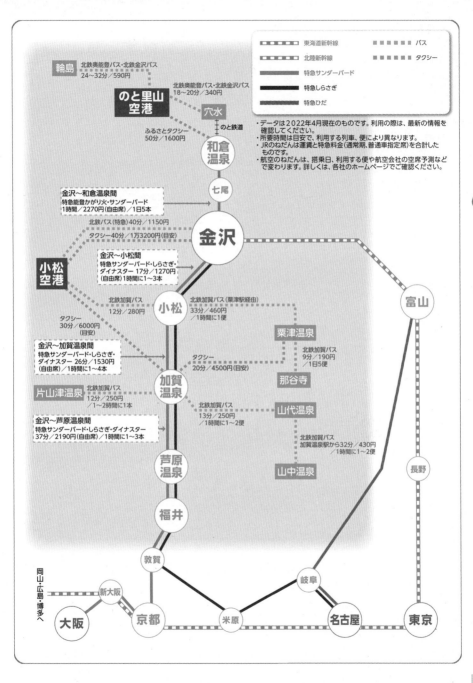

輪島　北鉄奥能登バス・北鉄金沢バス
24〜32分／590円

のと里山
空港

北鉄奥能登バス・北鉄金沢バス
18〜20分／340円

穴水

ふるさとタクシー
50分／1600円

のと鉄道

和倉
温泉

七尾

金沢〜和倉温泉間
特急能登かがり火・サンダーバード
1時間／2270円(自由席)／1日5本

北鉄バス(特急)40分／1150円
タクシー40分／1万3200円(目安)

金沢

金沢〜小松間
特急サンダーバード・しらさぎ・
ダイナスター 17分／1270円
(自由席)1時間に1〜3本

小松
空港

北鉄加賀バス
12分／280円

小松

北鉄加賀バス(粟津駅経由)
33分／460円
／1時間に1便

粟津温泉

北鉄加賀バス
9分／190円
／1日5便

那谷寺

タクシー
30分／6000円
(目安)

金沢〜加賀温泉間
特急サンダーバード・しらさぎ・
ダイナスター 26分／1530円
(自由席)／1時間に1〜4本

タクシー
20分／4500円(目安)

片山津温泉

北鉄加賀バス
12分／250円
／1〜2時間に1本

加賀
温泉

北鉄加賀バス
13分／250円
／1時間に1〜2便

山代温泉

金沢〜芦原温泉間
特急サンダーバード・しらさぎ・ダイナスター
37分／2190円(自由席)／1時間に1〜3本

北鉄加賀バス
加賀温泉駅から32分／430円
／1時間に1〜2便

山中温泉

富山

芦原
温泉

長野

福井

敦賀

岐阜

岡山・広島・博多へ

新大阪

京都

米原

名古屋

東京

大阪

凡例
東海道新幹線　　　　バス
北陸新幹線　　　　　タクシー
特急サンダーバード
特急しらさぎ
特急ひだ

・データは2022年4月現在のものです。利用の際は、最新の情報を
　確認してください。
・所要時間は目安で、利用する列車、便により異なります。
・JRのねだんは運賃と特急料金(通常期、普通車指定席)を合計した
　ものです。
・航空のねだんは、搭乗日、利用する便や航空会社の空席予測など
　で変わります。詳しくは、各社のホームページでご確認ください。

金沢での交通

金沢市内の観光スポットは、駅から3km以内に集中する。さまざまなバスが観光スポットを結んでおり、旅行者の強い味方。健脚派にはレンタサイクル「まちのり」がオススメだ。

バス

城下まち金沢周遊バス RL LL （毎日運行）
金沢市内1日フリー乗車券600円、1回乗車200円

人気観光地をまわりたい人におすすめ。右回り、左回りがあり、ルートやバス停名が異なる。金沢駅兼六園口(東口)⑥番乗り場を起点に、ひがし茶屋街〜兼六園〜金沢21世紀美術館〜にし茶屋街〜片町〜香林坊〜尾山神社〜近江町市場など、市内の主要観光スポットをまわる循環バス。右・左回りとも15分ごとの運行で、一周約40分。JR西日本の「金沢・加賀・能登ぐるりんパス」で乗車可能。
運行時間 金沢駅発8時30分ごろ〜18時ごろ　15分間隔

金沢ライトアップバス （2023年3月までの土曜と特定日運行）
専用1日フリー乗車券500円、1回乗車300円

金沢駅兼六園口(東口)⑥番のりばを起点に、土曜と特定日の夜に市内の主なライトアップスポット周辺のバス停16カ所を一周45分で巡回するバス。金沢市内1日フリー乗車券は利用できないので、乗り降りするなら専用の1日フリー乗車券利用がおトク。
運行時間 金沢駅発19時〜21時45分　15分間隔

北鉄路線バス
金沢市街をほぼカバーする路線バス。主な観光スポットの兼六園、金沢城公園、金沢21世紀美術館へ徒歩で移動できる香林坊バス停で便数が多く便利。1回乗車200円〜。

定期観光バス
かなざわめぐり半日コース(1/4〜12/28運行)
予約制　北陸鉄道予約センター ☎076-234-0123

▶ 金沢まちなかコース(午前コース)　2,600円
金沢駅兼六園口(東口)①発8:40→ひがし茶屋街(自由散策)→天徳院(からくり人形劇観覧)→長町武家屋敷跡(自由散策)→兼六園周辺エリア(自由散策)→金沢駅東口着12:50

▶ かないわ・おおのコース(午後コース)　3,900円
金沢駅兼六園口(東口)①発13:40→銭屋五兵衛記念館・銭五の館→ヤマト糀パーク→大野からくり人形記念館→箔一本店箔巧館(絵はがき金箔貼付体験)→金沢駅東口着17:40
※12〜3月の火曜は銭屋五兵衛記念館・銭五の館を大野湊神社・金沢港いきいき魚市に変更

🎫 おトクなきっぷ
●金沢市内1日フリー乗車券　600円
「城下まち金沢周遊バス」や北鉄バス・西日本JRバスの金沢市内指定エリア内の路線バスが1日乗り降り自由。市内の観光施設の割引特典付き。金沢駅東口北鉄駅前センター、北鉄グループ案内所などで発売。スマホ版もある。

主な割引対象施設
金沢21世紀美術館、石川県立美術館、成巽閣、中村記念美術館、金沢蓄音器館、金沢ふるさと偉人館、泉鏡花記念館、安江金箔工芸館、寺島蔵人邸など27施設。

城下まち金沢周遊バス時刻表

城下まち金沢周遊バスは、右回り、左回りともに日中は15分ごとの運行で観光に便利。下記に主要バス停の時刻表を紹介。あらかじめバスの時刻を確認して時間を有効に使おう。

城下まち金沢周遊バス右回りルート
(6番乗り場)

停留所名	始発	この間毎時発				終発
RL0 金沢駅東口(⑥番乗り場)	8:35	50	05	20	35	18:05
RL2 小橋町	8:40	55	10	25	40	18:10
RL4 橋場町(ひがし・主計町茶屋街)	8:45	00	15	30	45	18:15
RL5 橋場町(金城樓前)	8:46	01	16	31	46	18:16
RL6 兼六園下・金沢城(石川門向い)	8:50	05	20	35	50	18:20
RL7 広坂21世紀美術館(石浦神社前)	8:52	07	22	37	52	18:22
RL10 広小路(大桜前)	8:57	12	27	42	57	18:27
RL11 片町(片町きらら前)	9:00	15	30	45	00	18:30
RL12 香林坊(日銀前)	9:02	17	32	47	02	18:32
RL13 南町・尾山神社	9:04	19	34	49	04	18:34
RL14 武蔵ヶ辻・近江町市場	9:06	21	36	51	06	18:36
RL0 金沢駅東口(着)	9:18	33	48	03	18	18:48

城下まち金沢周遊バス左回りルート
(6番乗り場)

停留所名	始発	この間毎時発				終発
LL0 金沢駅東口(⑥番乗り場)	8:30	45	00	15	30	18:00
LL1 武蔵ヶ辻・近江町市場	8:35	50	05	20	35	18:05
LL2 南町・尾山神社	8:37	52	07	22	37	18:07
LL3 香林坊(アトリオ前)	8:39	54	09	24	39	18:09
LL4 片町(バシオン前)	8:42	57	12	27	42	18:12
LL5 広小路(寺町寺院群にし茶屋街)	8:45	00	15	30	45	18:15
LL8 広坂21世紀美術館(石浦神社向い)	8:50	05	20	35	50	18:20
LL9 兼六園下・金沢城(白鳥路前)	8:54	09	24	39	54	18:24
LL10 橋場町(金城樓向い)	8:56	11	26	41	56	18:26
LL12 小橋町	9:01	16	31	46	01	18:31
LL0 金沢駅東口(着)	9:11	26	41	56	11	18:41

※2022年4月現在
※停留所は一部省略して掲載しています。

🚲 レンタサイクル

金沢のみどころは、金沢駅から3km以内に集中している。天気がよければ、レンタサイクルの利用もおすすめ。金沢の公共シェアサイクル「まちのり」は、市内60カ所以上のサイクルポートの電動アシスト自転車を利用するシステム。
問合せ ☎076-255-1747(9〜18時)
1日パス：Web購入1430円、窓口購入1650円
1回会員：30分まで165円、以後30分ごとに110円

🚕 タクシー

グループならタクシー利用もおすすめ。金沢駅東口から、兼六園まで約10分。ねだんは1340円〜。

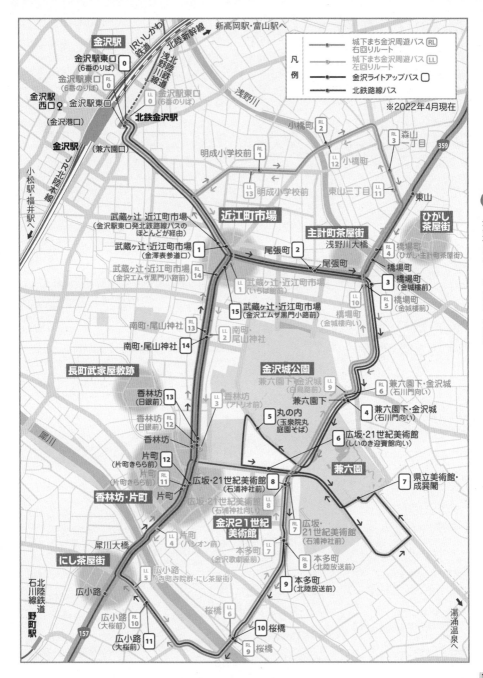

能登・加賀での交通

加賀温泉郷は路線バス、能登半島は定期観光バスが運行しているので
接続する列車や飛行機の時間、宿の場所によって上手に使い分けよう。

❀ 加賀温泉郷のキャン・バス

加賀温泉郷では加賀温泉駅を起点に、キャン・バスを運行。1日周遊券1,100円、2日周遊券1,300円で乗り降り自由。周遊券は、バス車内やJR加賀温泉駅の加賀市観光情報センター、同駅南口のまちづくり加賀周遊券販売所、各旅館などで販売。循環ルートは山まわり線が毎日4便、海まわり線が土・日曜、祝日と特定日に4便運行。小松空港とJR加賀温泉駅を結ぶ路線は当面の間運休中。
問合せ　まちづくり加賀 ☎0761-72-7777

❀ 能登の定期観光バス

車が必須の能登半島だが、移動手段で有効なのが定期観光バス。金沢駅から日帰りで輪島観光ができるコースや、和倉温泉を出発して、珠洲や見附島などを観光し、のと里山空港へアクセスできるコースもある。

定期観光バス(北鉄金沢バス・北鉄奥能登バス)
能登半島めぐりコース(通年運行/予約制/昼食付き)
予約制　北陸鉄道予約センター ☎076-234-0123
※BT＝バスターミナル

▶ **わじま号** 金沢から7,700円、輪島から5,700円
金沢駅東口①発7:50→輪島駅ふらっと訪夢発9:49→輪島朝市・輪島塗会館→白米千枚田→輪島キリコ会館→ビューサンセット(昼食)→機具岩(車窓)→千里浜なぎさドライブウェイ→金沢駅西口着16:40
※輪島朝市休業日は輪島塗会館には寄らずに道の駅すず塩田村見学に変更

▶ **おくのと号** 和倉から7,000円、輪島から6,500円
和倉温泉BT発8:20→輪島駅ふらっと訪夢発9:30(輪島朝市休業日は10:35)→輪島朝市・輪島塗会館→輪島キリコ会館→白米千枚田→垂水の滝・ホテル海楽荘(昼食)→道の駅すず塩田村→聖域の岬・青の洞窟→見附島→のと里山空港着15:55→和倉温泉BT着16:50→和倉温泉駅着16:55
※輪島朝市休業日は輪島塗会館には寄らずに能登ワイン見学に変更。また、朝市休業日に輪島から乗車すると輪島キリコ会館からの見学となる

▶ **あさいち号** 和倉から7,200円、輪島から6,200円
和倉温泉BT発8:30→輪島駅ふらっと訪夢発9:40→輪島朝市・輪島塗会館→輪島キリコ会館→ビューサンセット(昼食)→巌門→妙成寺→千里浜なぎさドライブウェイ→金沢駅西口着16:15
※輪島朝市休業日は總持寺祖院に変更

キャン・バス路線図

❀ 能登の観光列車

金沢⇔和倉温泉
●花嫁のれん号(金・土・日曜、祝日と特定日運行)
北陸の伝統工芸である輪島塗や加賀友禅をイメージした観光特急。車内では、伝統工芸の展示や北陸ならではの食のサービス(4日前までに予約/1・3・4号2,000円、2号2,500円)がある。全車指定席。
運行区間　金沢駅～七尾駅～和倉温泉駅

運行時刻	金沢駅		和倉温泉駅
花嫁のれん1号	10：15	→	11：42
花嫁のれん2号	13：21	→	12：06
花嫁のれん3号	14：15	→	15：31
花嫁のれん4号	17：54	←	16：30

問合せ　JR西日本お客様センター ☎0570-00-2486

七尾⇔穴水：のと鉄道観光列車
●のと里山海号(当面の間、土・日曜、祝日のみ運行)
七尾駅～和倉温泉駅～穴水駅を下り3本・上り2本走り、ぬくもりと懐かしさを感じさせる、のと鉄道の観光列車。全車指定席で、乗車整理券500円が必要。能登の里山里海が織りなす風景に加え、旬の味が楽しめる列車も2本ある。
●寿司御膳プラン：2,550円
　のと里山海号3号　　七尾発12:30　→　穴水着13:30
●スイーツプラン：1,530円
　のと里山海号4号　　穴水発14:15　→　七尾着15:18
問合せ
のと鉄道観光列車予約センター ☎0768-52-2300
※2022年4月現在の時刻です。

金沢へのドライブ

東京、名古屋、大阪の各方面から高速道路網が発達している。
北陸自動車道から、のと里山海道へは、金沢東IC、金沢森本ICからが便利。

東京から

▶ 関越道・上信越道利用

練馬IC → 関越道〜上信越道〜北陸道 →
金沢東IC
455km 高速料金9,890円

▶ 東名高速利用

東京IC → 東名〜新東名〜名神〜北陸道 →
金沢西IC
567km 高速料金11,900円

名古屋から

▶ 名神高速利用

一宮IC → 名神〜北陸道 → **金沢西IC**
223km 高速料金5,440円

▶ 東海北陸道利用

一宮IC → 名神〜東海北陸道〜北陸道 →
金沢東IC
213km 高速料金5,300円

大阪から

▶ 名神高速利用

吹田IC → 名神〜北陸道 → **金沢西IC**
282km 高速料金6,630円

※上記の高速料金は、普通車平日ETC利用のものです。現金払いでは異なることがあります。

レンタカー情報

空港や金沢駅などには、各社の営業所があり、乗り捨ても可能。また、出発前の予約がお得。JRや航空券と組み合わせてお得に利用できる。

問合先
● トヨタレンタカー
☎0800 - 7000 - 111
● ニッポンレンタカー
☎0800 - 500 - 0919
● 日産レンタカー
☎0120 - 00 - 4123

ドライブ図

凡例:
■ 高速道路
■ 有料道路
国道
一般道路
28　35　距離(km)

金沢の知っておきたいエトセトラ

金沢への興味が深まる本やプランに取り入れたいイベントなど、旅の前のちょっとした予習に役立つ情報をご紹介します。

読んでおきたい本

金沢の三文豪の作品など金沢を舞台にした小説やエッセイ、人気のコミックなど。旅の副読本にいかが？

石川近代文学全集1 泉鏡花

『義血侠血』は初期の作品で『滝の白糸』の名で舞台や映画でも親しまれている。浅野川沿いには主人公の旅芸人の像がある。
能登印刷出版部／1987年／泉鏡花著、小林輝治編／4620円（税込）

金沢シリーズ 挿話・町の踊り場

徳田秋聲の金沢を舞台にした代表的短編を5編収める。購入は徳田秋聲記念館（☞P45）へ。
能登印刷出版部／2005年／徳田秋聲著、小林輝治・秋山稔監修／770円（税込）

杏っ子

室生犀星の晩年の名作として有名。娘をモデルにした杏っ子の成長と流転を描くとともに自らの生涯を回顧した自伝的な側面をもつ長編小説。
新潮文庫／1962年／室生犀星／990円（税込）

五木寛之の金沢さんぽ

かつて金沢に暮らし、金沢を第二の故郷とする五木寛之のエッセイ。ガイドブックではわからない、古き良き金沢の街の陰影を描いた一冊。
講談社／2019年／五木寛之／704円（税込）

金沢の不思議

加賀百万石の歴史や伝統、文化が息づく城下町金沢。この街に惚れ込み、30年以上通い続ける村松友視が、この街の奥深い魅力をつづる。
中央公論新社／2016年／村松友視／748円（税込）

ユージニア

金沢を思わせる北陸・K市の旧家で起きた大量毒殺事件の謎が数十年を経て解き明かされる。日本推理作家協会賞受賞、極上のサスペンスミステリー。町の描写が美しい。
角川書店／2008年／恩田陸／692円（税込）

金沢シャッターガール

金沢の街の撮影を通して女子高生・夏目花菜が成長してゆく物語。金沢城公園や兼六園、ひがし茶屋街、尾山神社などの観光名所も登場。同名で実写映画化も。
竹書房／2018年／桐木憲一／638円（税込）

チェックしたい動画

金沢市公式YouTubeチャンネル City of Kanazawa

金沢市の魅力を動画で紹介。街並みや伝統工芸、食文化などを美しい映像で描くプロモーションムービーや、カニ初競りの様子を体験できる360度映像など、多彩な動画を見ることができる。
https://www.youtube.com/user/CityofKanazawa

観ておきたい映画

江戸時代～現代の金沢の美しい風景が垣間見られる作品をロケ地とともにご紹介。

劇場版 花咲くいろは HOME SWEET HOME

祖母が営む温泉旅館で仲居として働くことになった女子高生が、旅館の仲間たちと過ごす日々の中で成長していく姿を描く。物語の舞台である湯乃鷺温泉は、金沢の湯涌温泉がモデルとなっている。
©2012 花いろ旅館組合
DVD5250円（税込）・Blu-ray7350円（税込）／発売中／発売元・販売元：ポニーキャニオン／2013年／原作：P.A.WORKS／監督：安藤真裕

ココが登場地
湯涌温泉 MAP付録裏 北陸ドライブ図C6

武士の献立

江戸中期の加賀藩で「包丁侍」とよばれた武士の料理人を描いたヒューマンドラマ。加賀藩に実在した包丁侍の舟木家がモデルとなっており、料理を通じた家族の絆の物語がつづられていく。忠実に再現された江戸時代の饗応料理にも注目を。
©2013「武士の献立」製作委員会
DVD4180円（税込）・Blu-ray5170円（税込）／発売中／発売元・販売元：松竹／2013年／出演：上戸彩／監督：朝原雄三

ココがロケ地
金沢城公園 （☞P34）

リトル・マエストラ

過疎化が進む石川県の小さな港町が舞台。天才指揮者に仕立て上げられた少 ↗

♪女とアマチュアオーケストラが、音楽を介してともに喜びと誇りを取り戻していく。石川県オールロケを敢行し、志賀町や福浦港や金沢市内の石川県立音楽堂などが登場。
DVD4180円（税込）発売中／発売元・販売元：KADOKAWA／2013年／出演：有村架純／監督：雑賀俊郎

ココが登場地
金沢駅周辺（☞P16）の石川県立音楽堂
MAP P134A2

さいはてにて やさしい香りと待ちながら

奥能登の焙煎珈琲店の店主と、シングルマザーの2人の女性の心の交流を丁寧に描く。奥能登・珠洲の美しい映像とともに、人々が深くつながり合うぬくもりや喜びが浮かび上がっていく。
DVD5170円（税込）発売中／発売元：東映ビデオ／販売元：東映／2015年／出演：永作博美／監督：姜秀瓊

ココがロケ地
木ノ浦海岸
MAP 付録裏北陸ドライブ図E1

実は金沢でロケしてます

舞妓Haaaan!!!

物語の舞台は京都だが、主計町茶屋街や、ひがし茶屋街でロケを行った。
DVD5280円（税込）発売中／発売元・販売元：バップ／2007年／出演：阿部サダヲ／監督：水田伸生

金沢の方言

やわらかでゆったりした雰囲気の金沢弁。語尾を伸ばす独特のイントネーションも大きな特徴の一つ。

あいそらしー …愛想がいい、かわいらしい
あんやと …ありがとう
おいね、おいや …そうだね
かさだかな …おおげさな
きまっし …来なさい
ちょこし …少し
まんで …ものすごく
ねまる …腰を下ろして座る
りくつな …巧みな、巧妙な

祭り・イベント

加賀百万石の伝統を伝える祭りや、人気観光地のライトアップなど多彩なイベントを体験しよう。

1月下旬〜2月末 **フードピア金沢**

恒例の冬の祭典。市内飲食店が多数参加し旬の食材でもてなす。金澤町家で食事を楽しむツアーも。
☎076-232-1000
場所 金沢市内各所

6月第1土曜と前後金・日曜 **金沢百万石まつり**

初代藩主前田利家の金沢城入城を偲ぶ絢爛豪華な百万石行列や記念行事が開催される金沢市内最大の祭り。
☎076-220-2194 場所 金沢城公園（P34）ほか

7〜8月の毎週土曜 **観能の夕べ**

能と狂言をリーズナブルな料金で鑑賞できる。宝生流宗家出演の特別公演あり。冬季にも開催。団体は要予約。
☎076-264-2598 場所 石川県立能楽堂
MAP P139F4

通年開催 **金沢城・兼六園四季物語**

四季折々の金沢城公園、玉泉院丸庭園、兼六園の夜の魅力を味わうイベント。期間限定で、ライトアップやホタル観賞会など多彩な催しが開催される。イベント実施中は入園無料。
☎076-225-1542（石川県観光連盟）場所 兼六園（P28）、金沢城公園（P34）

11月上旬〜2月中旬 **香林坊地区 ツリーファンタジー**

香林坊周辺のケヤキ36本が11万個の電球で飾られる。金沢の冬の風物詩、雪吊りモチーフの電飾が特に華やか。
☎076-220-5001 場所 香林坊交差点周辺
MAP P138B・C2

花

緑豊かな金沢は季節ごとに咲く花もみもの。兼六園では梅、桜、カキツバタと次々に見頃を迎える。

桜

兼六園（☞P28）や金沢城公園（☞P34）のほか、犀川、浅野川もきれい。

ドウダンツツジ

寺島蔵人邸（☞P57）では樹齢約300年の木に小さな白い花がたくさん咲く。

カキツバタ

兼六園（☞P28）の曲水のカキツバタは初夏の風物詩として親しまれている。

紅葉

兼六園（☞P28）、金沢城公園（☞P34）をはじめ市街中心部でも紅葉が楽しめる。

服装

気温は東京とそれほど変わらないが、何といっても雨や雪が多いのが金沢の特徴。特に冬の足元は要注意。

春

► 3〜4月でも朝晩は寒さが残るので、厚めの上着の用意を。

夏

► 晴れた日が多く、薄着でOK。徒歩の観光が多いのでUV対策を。

秋

► 急に寒くなることもあるので、調整のできる服装がおすすめ。

冬

► 寒さが厳しく、道路には雪が残っていることも。滑らない靴を。

トラベルインフォメーション ● 金沢の知っておきたいエトセトラ

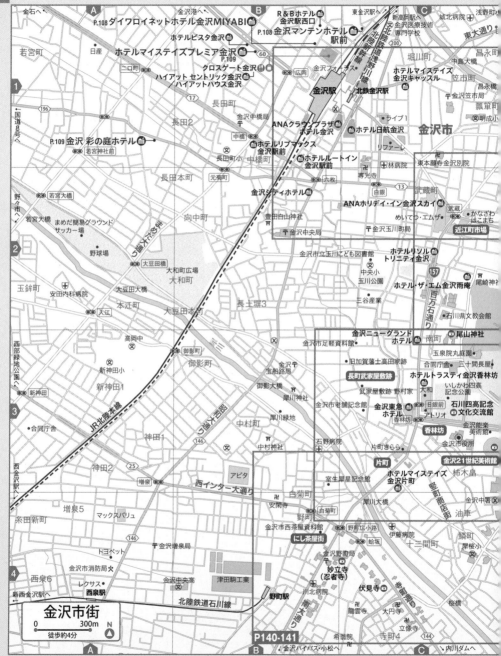

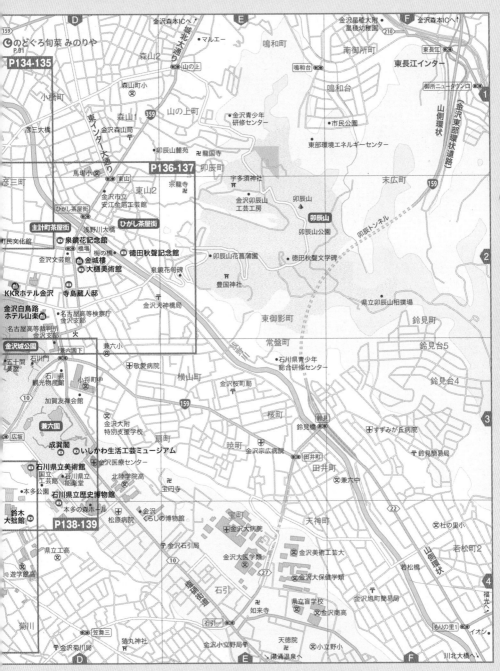

金沢MAP●金沢市街

133

N

P.17 クロスゲート金沢
東金沢駅へ ／新高岡駅へ ／七ツ屋駅・内灘へ
P.106 ハイアットセントリック金沢／
ハイアットハウス金沢
新高岡駅へ
堀川町西
もりもり寿し
金沢駅前店 P.88
堀川町
季節料理 おでん 黒百合 P.17
鮨 歴々 金沢駅店 P.17広岡1番口より
芝寿し金沢百番街店 P.89
金沢フォーラス
天然温泉
加賀の湧泉ドーミーイン金沢 P.108
堀川町中
堀川町
ぶった農産 P.103・104
金沢地酒蔵 P.103・104
金沢駅
観光案内所
P.17
ダイワロイネット
ホテル金沢
セントラルアークビル
金沢セントラル
ホテル東館
岡ホテル
北國銀行
笠光支店

1
広岡
トヨタレンタカー
金沢駅西口店
あんと P.16・103
あんと 西 P.16
Rinto P.16
金沢百番街
伊藤忠
金沢ビル
ヴィアイン金沢 P.108
金沢駅
ニッポンレンタカー
金沢駅西口
（西口）
金沢駅東口
ホテル金沢 P.108
此花町
此花町
安江
八幡宮

ホテルマイステイズ金沢
キャッスル

カフェ
ぶどうの森
ファーム金沢
百番街店 P.17
アパホテル
＜金沢駅前＞
ルネッサンス
平岡野神社
タイムズカー
レンタル
駅レンタカー
兼六園口
（東口）
木ノ新保町
金沢駅前中央
北鉄金沢駅
もてなしドーム
金沢駅前東
ホテルエコノ
金沢駅前
金沢駅東
金沢駅前局
金沢駅前ホテル
光専寺
乗善寺
此花町

2
広岡東
ダイワロイネット
ホテル金沢駅西口
柳町
ANAクラウンプラザ
ホテル金沢 P.108
ヴィサージュ
石川県立音楽堂
金沢駅前南
日吉町
ガーデン
ホテル金沢
料理旅館
金沢茶屋
倉嶋科医院
トヨタレンタカー
金沢駅東口店
鹿島屋旅館
ホテル日航
金沢 P.108
別院通り口
別院通り口
ライブ1
別院通り商店街
別院通り
ルキーナ金沢
リファーレ前
リファーレ前

放生寺
吉町
新堀町
サンミシェル
日産レンタカー
本町2
白髭神社
ホテル・トリフィート金沢
本町
リファーレ
西門口前
西門口前
本町1

3
中橋高架下
ホテルルートイン金沢駅前
ビジネスホテルRサイド
東横INN金沢駅東口
ラ・コルベイユ
金沢町家兼六 P.107
中橋高架下
六枚球
六枚
ほんまちビル
本町2
スーパーホテルPremier
金沢駅東口 P.90地酒・地魚 くろ屋
本町
音頭ビル
光善寺
顧念寺
専光寺
林病院
金沢育英センター
西福寺
P.91 味楽 ゆめり
照教寺
仁隨寺
發心寺
味楽 ゆめり

昭和町
西金沢駅へ
金沢シティホテル
スクエアコート
六枚
六枚町
六枚町
芳斉町
英町GRANDE
六枚町
英町
白銀
白銀町
エムエフ玉川町
文殊院
CITY INN小林
安江町
慈照寺

4
三社町グリーンマンション
三社町
金沢ハイツ
芳斉2
北陸労働金庫本店
中央局前
七宝町
福念寺
ベルトピア金沢2
玉川町
金沢市駅西消防署玉川(出)
金沢市芳斎公民館
白銀教会
正福寺
金沢玉川町局
玉川町
ダイアパレス玉川公園
光德寺
能登印刷
浅地ビル
金沢中央局
武蔵町

金沢駅～武蔵ヶ辻

0 75m
徒歩約1分 N

国道359号へ

東大通り

D

中島大橋

中島大橋

レジデンス此花

寿し龍 P.89

恵光寺

西源寺

西勝寺

笠市町

金沢笠市局

報恩寺

サンライズ山善

本願寺
金沢別院西別院

上宮寺

光教寺

リブナイスリー
安江町

北川ハイツ

金沢幼稚園

東本願寺金沢別院

安江町

東別院

目細八郎兵衛
商店 P.97

わせだ
クリニック

むさし西

collabon P.99

武蔵ヶ辻・
近江町市場

ホテル
フォルツァ金沢

ANAホリデイ・イン
金沢スカイ P.109

武蔵ヶ辻・近江町市場

袋町

めいてつ・エムザ

P.103 黒門小路
P.99 CRAFT A

武蔵ヶ辻・近江町市場

武蔵ヶ辻・近江町市場

157

青草町

香林坊へ

近江町市場 P.58

E

信開ダイナスティ浅野川キングス館

廣誓寺

天理教加州分教会

第二消防団浅野町分団

昌永橋

明成小

崇禅寺

松立寺

瓢箪町

岩本清商店 P.97

明成小学校前

安江町北

彦三町

東別院表参道口

ダイアパレス彦三

長徳寺

ファースト・レーベン彦三アネックス

ラ・ベジブル武蔵

彦三町2

彦三中

海鮮丼の店 こてつ P.60

近江町食堂 P.61

じもの亭 P.60

いきいき亭 近江町店 P.61

近江町市場海鮮丼 魚旨 P.61

廻る 近江町市場寿し 本店 P.88

東出珈琲店 P.61

近江町コロッケ P.59

近江町旬彩焼 P.59

杉本水産 P.59

二穴 芝田 P.59

世界の食品ダイヤモンドLⅡ P.62

北形青果 P.62

大松水産 P.62

妙栄寺

ポレスターフクロマチ

武蔵マンション

袋町

ル・キューブ金沢
かなざわはこまち

人人ビル

武蔵ヶ辻・近江町市場

中島めんや P.97

太陽生命金沢ビル

下近江町

博労町

老舗交流館

町民文化館

上近江町

F

昌永町

小橋町

パークコート小橋

小橋町

彦三大橋

本覚寺

あめの俵屋
本店

小橋町

小橋

金沢小橋局

P.87 宮田・鈴庵

彦三北

東山3

浅野川

乗敬寺

コープ野村彦三

彦三町一丁目

ライオンズマンション彦三町

P.93 御料理 貴船

希清軒傳六会彦三きらく園

中の橋

光福寺

彦三緑地ツツジ資料館

彦三緑地

主計町緑水苑

恵寿金沢病院

佛眼寺

尾張町2

久保市乙剣宮 P.57

木倉や本社

尾張町

紀陽館森井書店

照光寺

彦三町1

国道359号へ

橋場町へ

国道359号へ

135

↖金沢駅へ

A　　　　　　　　　　　　B　　　　　　　　　　　　C

西門口前
ロイヤルハイム彦三
彦三中
乗敬寺
照光寺

東本願寺金沢別院 卍

東別院 卍

彦三アンシャン・ビラ

彦三町2

安江町

わせだクリニック

ホテルエスノグラフィー金沢

金城クリニック ✚

ファースト・レーベン彦三

妙栄寺 卍

コープ野村彦三
彦三町一丁目

彦三町1

1

安江町

むさし西

目細八郎兵衛商店 P.97

彦王テアトルハイツ

希清軒傳六会彦三きらく園

P.93 御料理 貴船

collabon P.99

明治安田生命金沢第二ビル

武蔵ヶ辻・近江町市場

光福寺 卍

彦三緑地
ツツジ資料館

應照寺 卍

ホテルフォルツァ金沢

ANAホリデイ・イン
金沢スカイ

ポレスターフクロマチ

武蔵マンション

彦三緑地

P.56 主計町料亭組合事務所

武蔵ヶ辻・近江町市場

袋町

武蔵町

めいてつ・エムザ

かなざわこまち

袋町

尾張町2

佛眼寺 卍

P.57 木倉や

壺屋壺亭
P.87

P.103 黒門小路

武蔵

人人ビル

中島めんや P.97

太陽生命金沢ビル

木倉や本社

下新町

P.99 CRAFT A

武蔵ヶ辻・近江町市場

武蔵南

近江町

下近江町

町民文化館

尾張町

2

むさし祥鮨

武蔵ヶ辻・近江町市場

青草町

博労町

老舗
交流館

尾張町

ザ・スクエアホテル金沢

武蔵南

上近江町

紀陽館森井書店

浅地ビル

下堤町

下堤町ビル

近江町市場 P.58

町民文化館

中安旅館

P.94 ニワトコ

金沢カプセルホテル
武蔵町

鮮魚通り

十間町

P.107 LINNAS Kanazawa

トーカンマンション尾張町

コニーズアイ P.97

武蔵ヶ辻・大國鮨 P.89

十間町

すみよしや旅館

金沢近江町局

尾張町1

ホテルリソル
トリニティ金沢

下松原町

料亭旅館浅田屋

博労町南

大手町

ギャッスルハイム尾張町

松ヶ枝緑地

上堤町

artra P.99

海鮮丼の店 こてつ P.60

NTT大手町ビル

日本酒バル 金澤酒趣

御宿
野乃金沢

西町
四番丁

近江町食堂 P.61

西町四番丁

金沢野村證券
ビル

P.91

ユニゾイン
金沢百万石通り

じもの亭 P.60

いきいき亭 近江町店 P.61

博労町

3

トリフィートホテル&ポッド
金沢百万通

上堤町

西町三番丁

近江町市場海鮮丼 魚旨 P.61

廻る 近江町市場寿し 本店 P.88

KKRホテル金沢

P.10

eph KANAZAWA

東出珈琲店 P.61

大手門前

三井ガーデン
ホテル金沢 P.109

尾崎神社

近江町コロッケ P.59

NTT

157

住友生命金沢上堤町ビル

近江町旬彩焼 P.59

大手堀

金沢上堤町ビル

杉本水産 P.59

お堀通り

金沢市医師会

南町・尾山神社

金沢三栄ビル

東棟

二六 芝田 P.59

黒門

大手堀

黒門

金澤中央変電所

Dグラフォート
金沢尾山
レジデンス南棟

世界の食品ダイヤモンドLⅡ P.62

北形青果 P.62

大手門

KUMU金沢 by THE SHARE HOTELS P.106

お宮広場

大松水産 P.62

金沢白鳥路
ホテル山楽

南町・尾山神社

新丸場

金の

東急スティ金沢

板屋

尾山町

金沢中央ビル

白鳥路

P.35

157

金沢高岡町局

石川県文教会館

新丸場

百万石通り

4

ホテルインターゲート金沢 P.109

丸の内ビル

湿生園

金沢ニューグランドホテルプレミア P.96

商工会議所

公園管理事務所

157

加賀てまり 毬屋 P.96

旧第六旅団司令部

金沢城公園 P.34

金沢ニューグランドホテル
プレステージ

尾山神社 P.34

金沢百万石まつり P.131

尾山神社前

二の丸広場

河北門

↙香林坊へ

香林坊へ

玉泉院丸庭園

二の丸広場

A　　　　　　　　　　　　B　　　　　　　　　　　　C

近江町市場～ひがし茶屋街

0 ─── 75m
徒歩約1分
N

東山3
金沢森本ICへ↗
玄門寺
東山 P.49 ギャラリー＆カフェ椋
広昌寺
馬場小
金沢市馬場公民館
蓮昌寺
永明寺
359
宗龍寺
金沢市立安江金箔工芸館
金箔屋さくだ本店 P.50
慈雲寺
実相寺
松尾神社
あうん堂 P.94
高木糀商店 P.45
HOTELらしく金沢 P.107
P.104 金沢東山・百番屋
中田屋東山茶屋街店 P.49
雀草庵 P.51
TRM東山風の街
菅原神社
御嶽神社
Cafe たもん P.94
P.48 日本茶カフェ 和美茶美
P.51 味の十字屋 東山本店
ビベット
子来町緑地
鶯町
伝燈院
P.46
ひがし茶屋街
P.50 金澤パフェむらはた
圓長寺
国指定重要文化財
ひがし茶屋街店
志摩
ひがし茶屋街 P.40
料理旅館山乃尾
木津屋旅館
ひがし茶屋休憩館
金沢ひがし茶屋街
恵寿金沢病院
主計町茶屋街
P.41
懐華楼
寶泉寺 P.44
暗がり坂 P.56
福嶋三絃店 P.55
観音町2
西源寺
東別院東山蓮如堂
浅野川大橋 P.56
源法院
東山河岸緑地
あかり坂 P.56
下図
子来町
久保市乙剣宮 P.57
いち凛 P.57
銀松
観音院
泉鏡花記念館 P.57
並木町
東山1
くりゐンテ kawabata P.47
柳宗理記念デザイン研究所 P.57
浅野川稲荷神社
町屋塾 カフェ十一夜 P.86
金沢文芸館 P.57
梅ノ橋
徳田秋聲記念館 P.45
了願寺
金城樓 P.84
ロワイヤルユウ梅の橋
ウィステリアガーデン並木町
東御影町
大樋美術館 P.57
ロールスガーデン 並木町
六角堂Grill&Bar
観音町3
橋場町
善福寺
天神橋
泉鏡花句碑

ひがし茶屋街拡大図

寺島蔵人邸 P.57
大手町東
P.53 かなざわ 美かざり あさの
東事務所
ヤマト醤油味噌 東山直売所 P.87
幸兵衛寿司 P.89
P.43 お茶屋美術館
緑煌 P.53
東山みずほ P.47
八の福
レジデンス
森八ひがし三番丁店 P.49
兼六
国指定重要文化財 志摩 P.42
東山1
矢の根川 P.52
名古屋高等検察庁
金沢支部
箔座 金の縁起屋
箔座ひかり蔵 P.53
十月亭 P.46
白鳥路
光誓寺
金澤しつらえ P.48
旅館山茂利
今日香 P.52
大手町
P.53 玉匣
金沢ひがし茶屋街 懐華楼 P.45
照葉 P.93
菓舗 Kazu Nakashima P.50
味噌蔵町
久連波 P.48・55
兼六
箔一東山店 P.53
BAR粋蓮 P.92 ● Ryomon
苺菓子りつか P.51
159
レストラン自由軒 P.47
P.55雀
西源寺
兼六元町
能加万菜 THE SHOP 東山 P.96
茶房＆Barゴーシュ
名古屋高等裁判所 金沢支部
くるみや P.52
経田屋米穀店
兼六園へ↙
金沢茶菓 加賀のきつね P.51

0 ─── 25m
徒歩約20秒

居酒屋 空海 P.93

主計町茶屋街 P.56

137

長町〜香林坊〜兼六園

0　　75m
徒歩約1分

旧第六旅団司令部

二の丸広場

金沢城公園 P.34
金沢百万石まつり P.131

菱櫓

鼠多門

五十間長屋

石川門案内所

橋爪門続櫓

石川門

玉泉院丸庭園

合同庁舎前

三十間長屋

戌亥櫓台

石川橋

橋場交差点へ↑
金沢簡易裁判所
金沢地方裁判所

白鳥路 P.35

百万石通り

兼六元町

兼六園下・金沢城

兼六園下

兼六園下・金沢城

兼六園下・金沢城

石川県兼六駐車場

159

山側環状へ

兼六園下・金沢城
（工事中）

小将町中

鶴の丸休憩館
鶴の丸広場

豆皿茶屋 P.39

本丸園地

P.38 **石川県観光物産館**

桂坂口

兼六町

茶屋見城亭

陶芸吉崎東山

兼六亭

蓮池門口

夕顔亭

桜ヶ岡口

寄観亭

徽軫灯籠

加賀友禅会館
P.38

カメリアイン雪椿

小将町

愛育保育園

玉泉院丸入口

丸の内

お堀通り

いもり堀

広坂2

しいのき緑地

ジャルダン ポール・ボキューズ P.36

セレクトショップGIO P.39

石川県政記念館しいのき迎賓館
P.38

役所前

広坂2

広坂・21世紀美術館

広坂2

ファーストホテル金沢

広坂・21世紀美術館

広坂北

真弓坂口

兼六園 三芳庵 P.32

P.32 **内橋亭**

霞ヶ池

蓬莱島

ことぶき亭

上坂口

時雨亭 P.32

兼六園 P.28

曲水

99金沢・クラフト広坂

金沢能楽美術館 P.39

今井金箔
広坂店

広坂・21世紀美術館

いしかわ生活工芸
ミュージアム P.39

金沢21世紀美術館 P.20

石浦神社

石川県立美術館
広坂別館

梅林

P.35 **成巽閣**

市役所・柿木畠

カフェレストラン
Fusion21 P.24

ミュージアムショップ P.25

ミュージアムショップ2 P.25

つぼみ P.39

松涛庵

広坂・21世紀美術館

兼六園局

随身坂口

金城霊澤 P.31

県立美術館・
成巽閣

石川県立
能楽堂別館

兼六園上

金沢医療
センター

3

石川国際交流
ラウンジ

金沢市役所第二本庁舎

P.39 **石川県立美術館**

P.37 **LE MUSÉE DE H KANAZAWA**

P.37 **ミュージアムショップ**

国立工芸館・県立美術館

P.39 **金澤神社**

出羽町

茶室梅庵

観能の夕べ P.131

石川県立能楽堂

出羽町

出羽町公園

金沢石亭

ふるさと偉人館

金沢本多通り

金沢歌劇座前

上柿木畠

金沢ふるさと
偉人館 P.35

金沢歌劇座

本多町

本多公園

茶室耕雲庵

国立工芸館 P.38

石川護國神社

北陸電力会館
本多の森ホール

下本多町六番丁

金沢市立
中村記念美術館 P.38

石川県立歴史博物館 P.38

加賀本多博物館 P.35

石川県本多の森庁舎

4

石川県調理師専門学校

金沢中署

北陸放送本社

本多の森ホール

油車

金沢電気ビル

鈴木大拙館 P.38

NTT西日本出羽町ビル

香林坊へ↑
下柿木畠
↑香林坊へ
香林坊へ↑
↑広坂へ
金沢21世紀美術館 P.20

❼ 宇宙軒食堂 P.74
つぼみ P.39
カフェレストラン・松涛庵
Fusion21 P.24
P.39石川県立美術館
アパホテル＜金沢中央＞
CoCoTTo KANAZAWA
村田屋
旅館
ミュージアムショップ P.25
ミュージアムショップ2 P.25
P.37 LE MUSÉE
DE H KANAZAWA
ARSPOON P.78
金沢市庁舎南分室
P.37 ミュージアムショップ
茶室梅庵

ホテルカナメ イン タテマチ
上柿木畠
本多通り
金沢歌劇座前

片町1
ふるさと偉人館
本多公園・

ホテルトレンド金沢片町
里見町
金沢ふるさと
偉人館
茶室耕雲庵

大工町
竪町商店街
下本多町六番丁
金沢歌劇座
本多町
金沢市立
中村記念美術館 P.38

大工町
ベルセル
金沢中署
本多町

犀川大通り
池田町
三番丁
石川県調理師専門学校
圓徳寺
北陸放送本社

池田町四番丁
ブラン・ヴェルデ
池田町二番丁
野田屋茶店 P.78
金沢電気ビル
P.38 鈴木大拙館

アパホテル＜金沢片町＞
タテマチ広場
竪町 P.72
油車
本多町3

金沢新竪町局
タテマチ
茨木町
本多町

池田町一番丁
新竪町3
新竪町ビル
ロイヤルシャトー本多町

池田町立丁
畳世 P.76
新竪町
下本多町五番丁
本多町クリニック

十三間町
新竪町商店街
老人ホーム金澤五番丁
酒屋 彌三郎 P.93
県立工高

水溜町
犀川大通り
竹内歯科医院

phono P.77
アンティーク フェルメール P.77

八百屋松田久直商店
鱗町

taffeta
徳栄寺
新竪町

パーラー・コフク P.76
KiKU P.98
新竪町 P.76
鱗町

伯旺ビル
犀桜小
幸町スカイハイツ
遊学館高

中川除町
ESPRESSO BAR KESARAN PASARAN
P.77

室生犀星文学碑
石川県幸町庁舎

BENLLY'S & JOB WORK ROOM
P.77
幸町

杉浦町
新竪町3
名願寺
吉村ビル

インペリアルコート新竪
枝町
金沢エフビービル

川岸町
慶覚寺

桜橋
寶幢寺
思案橋

新竪消防会館
桜橋

妙典寺
桜橋
川上幼稚園

高岸寺
新桜坂緑地

長久寺
桜橋南詰
上川除

本因寺
W坂 P.81

立像寺
妙福寺

本性寺
實成寺
竪町〜にし茶屋街〜寺町

寺町4
0   75m
N

妙法寺
寺町3
寺町二
徒歩約1分

由屋るる犀々

観光みどころ　プレイスポット　レストラン・食事処　カフェ・喫茶　居酒屋・BAR　みやげ店・ショップ　宿泊施設　立ち寄り湯

ココミル
cocomiru

金沢 北陸
中部❸

2022年6月15日初版印刷
2022年7月1日初版発行

編集人：福本由美香
発行人：盛崎宏行
発行所：JTBパブリッシング
〒162-8446　東京都新宿区払方町25-5
https://jtbpublishing.co.jp/
編集：03-6888-7860
販売：03-6888-7893
編集・制作：情報メディア編集部
組版：佐川印刷
印刷所：佐川印刷
編集・取材：K&Bパブリッシャーズ
AVANCER（沖崎松美）／能登印刷（海口尚子／定江友和／川端千鶴／野村裕樹／
細道圭祐／小山有紀）／小野澤正彦／大門義明／小川 浩之

表紙デザイン、アートディレクション：APRIL FOOL, Inc.
本文デザイン：APRIL FOOL, Inc.／東画コーポレーション（三沢智広）／
ジェイヴイコミュニケーションズ／K&Bパブリッシャーズ
撮影・写真協力：村岡栄治／エレファント・タカ／西村光司／湯浅啓／松澤暁生／
山岸政仁／高柳豊／上腰正也／加藤賀津三／池田紀幸／シンヤシゲカズ／水野直樹／
山城卓也／能登印刷／C&E／アマナイメージズ／関係各市町村観光課・観光協会／
アフロ（西垣良次）
地図：千秋社／ジェイ・マップ／ゼンリン／シーマップ／森田宏子／K&Bパブリッシャーズ
イラスト：平澤まりこ

本誌掲載の地図は以下を使用しています。
測量法に基づく国土地理院長承認（使用）R 2JHs 293-940号、R 2JHs 294-421号

本書掲載のデータは2022年4月末日現在のものです。発行後に、料金、営業時間、定休日、メニュー等の営業内容が変更になることや、臨時休業等で利用できない場合があります。また、各種データを含めた掲載内容の正確性には万全を期しておりますが、おでかけの際には電話等で事前に確認・予約されることをおすすめいたします。なお、本書に掲載された内容による損害賠償等は、弊社では保障いたしかねますので、あらかじめご了承くださいますようお願いいたします。

本書掲載の商品は一例です。売り切れや変更の場合もありますので、ご了承ください。

本書掲載の料金は消費税込みの料金ですが、変更されることがありますので、ご利用の際はご注意ください。入園料などで特記のないものは大人料金です。
定休日は、年末年始・お盆休み・ゴールデンウィークを省略しています。
本書掲載の利用時間は、特記以外原則として開店（館）〜閉店（館）です。オーダーストップや入店（館）時間は通常閉店（館）時刻の30分〜1時間前ですのでご注意ください。
本書掲載の交通表記における所要時間はあくまでも目安ですのでご注意ください。

本書掲載の宿泊料金は、原則としてシングル・ツインは1室あたりの室料です。1泊2食、1泊朝食、素泊まりに関しては、1室2名で宿泊した場合の1名料金です。料金は消費税、サービス料込みで掲載しています。季節や人数によって変動しますので、お気をつけください。

本書掲載の温泉の泉質・効能は源泉のもので、個別の浴槽のものではありません。各施設からの回答をもとに原稿を作成しています。

本書の取材・執筆にあたり、ご協力いただきました関係各位に厚くお礼申し上げます。

おでかけ情報満載　https://rurubu.jp/andmore/

223207　280102
ISBN978-4-533-15004-3 C2026
©JTB Publishing 2022
無断転載禁止　Printed in Japan
2207

楽しい旅へ
出かけよう♪